管理会计技能项目化训练规划教材

主审 张 燕

QIYE NASHUI GUANLI FENXI BAOGAO

企业纳税管理分析报告

编著 郑在柏 谢爱明

苏州大学出版社
Soochow University Press

图书在版编目(CIP)数据

企业纳税管理分析报告/郑在柏,谢爱明编著. ——苏州:苏州大学出版社,2020.1
管理会计技能项目化训练规划教材
ISBN 978-7-5672-3019-4

Ⅰ.①企… Ⅱ.①郑… ②谢… Ⅲ.①企业管理—税收管理—高等职业教育—教材 Ⅳ.①F810.423

中国版本图书馆 CIP 数据核字(2019)第 263915 号

企业纳税管理分析报告
郑在柏　谢爱明　编著
责任编辑　薛华强
助理编辑　曹晓晴

苏州大学出版社出版发行
(地址:苏州市十梓街1号　邮编:215006)
苏州望电印刷有限公司
(地址:苏州市相城区望亭镇问渡路27号　邮编:215155)

开本 787 mm×1 092 mm　1/16　印张 10　字数 134 千
2020年1月第1版　2020年1月第1次印刷
ISBN 978-7-5672-3019-4　定价:29.00元

若有印装错误,本社负责调换
苏州大学出版社营销部　电话:0512-67481020
苏州大学出版社网址　http://www.sudapress.com
苏州大学出版社邮箱　sdcbs@suda.edu.cn

江苏联合职业技术学院院本教材出版说明

江苏联合职业技术学院自成立以来，坚持以服务经济社会发展为宗旨、以促进就业为导向的职业教育办学方针，紧紧围绕江苏经济社会发展对高素质技术技能型人才的迫切需要，充分发挥"小学院、大学校"办学管理体制创新优势，依托学院教学指导委员会和专业协作委员会，积极推进校企合作、产教融合，积极探索五年制高职教育教学规律和高素质技术技能型人才成长规律，培养了一大批能够适应地方经济社会发展需要的高素质技术技能型人才，形成了颇具江苏特色的五年制高职教育人才培养模式，实现了五年制高职教育规模、结构、质量和效益的协调发展，为构建江苏现代职业教育体系、推进职业教育现代化做出了重要贡献。

面对新时代中国特色社会主义建设的宏伟蓝图，我国社会主要矛盾已经转化为人民日益增长的美好生活需要和不平衡不充分的发展之间的矛盾，这就需要我们有更高水平、更高质量、更高效益的发展，实现更加平衡、更加充分的发展，才能全面建成社会主义现代化强国。五年制高职教育的发展必须服从并服务于国家发展战略，以不断满足人们对美好生活的需要为追求目标，全面贯彻党的教育方针，全面深化教育改革，全面实施素质教育，全面落实立德树人根本任务，充分发挥五年制高职贯通培养的学制优势，建立和完善五年制高职教育课程体系，健全德能并修、工学结合的育人机制，着力培养学生的工匠精神、职业道德、职业技能和就业创业能力，创新教育教学方法和人才培养模式，完善人才培养质量监控评价制度，不断提升人才培养质量和水平，努力办好人民满意的五年制高职教育，为决胜全面建成小康社会、实现中华民族伟大复兴的中国梦贡献力量。

教材建设是人才培养工作的重要载体，也是深化教育教学改革、提高教学质量的重要基础。目前，五年制高职教育教材建设规划性不足、系统性不强、特色不明显等问题一直制约着内涵发展、创新发展和特色发展的空间。为切实加强学院教材建设与规范管理，不断提高学院教材建设与使用的专业化、规范化和科学化水平，学院成立了教材建设与管理工作领导小组和教材审定委员会，统筹领导、科学规划学院教材建设与管理工作。制定了《江苏联合职业技术学院教材建设与使用管理办法》和《关于院本教材开发若干问题的意见》，完善了教材建设与管理的规章制度；每年滚动修订《五年制高等职业教育教材征订目录》，统一组织五年制高职教育教材的征订、采购和配送；编制了学院"十三五"院本教材建设规划，组织18个专业协作委员会和公共基础课程协作委员会推进院本教材开发，建立了一支院本教材开发、编写、审定队伍；创建了江苏五年制高职教育教材研发基地，与江苏凤凰职业教育图书有限公司、苏州大学出版社、北京理工大学出版社、南京大学出版社、上海交通大学出版社等签订了战略合作协议，协同开发独具五年制高职教育特色的院本教材。

今后一个时期，学院在推动教材建设和规范管理工作的基础上，紧密结合五年制高职教育发展新形势，主动适应江苏地方社会经济发展和五年制高职教育改革创新的需要，以学院18个专业协作委员会和公共基础课程协作委员会为开发团队，以江苏五年制高职教育教材研发基地为开发平台，组织具有先进教学思想和较高学术造诣的骨干教师，依照学院院本教材建设规划，重点编写出版约600本有特色、能体现五年制高职教育教学改革成果的院本教材，努力形成具有江苏五年制高职教育特色的院本教材体系。同时，加强教材建设质量管理，树立精品意识，制定五年制高职教育教材评价标准，建立教材质量评价指标体系，开展教材评价评估工作，设立教材质量档案，加强教材质量跟踪，确保院本教材的先进性、科学性、人文性、适用性和特色性建设。学院教材审定委员会组织各专业协作委员会做好对各专业课程（含技能课程、实训课程、专业选修课程等）教材进行出版前的审定工作。

  本套院本教材较好地吸收了江苏五年制高职教育最新理论和实践研究成果，符合五年制高职教育人才培养目标定位要求。教材内容深入浅出，难易适中，突出"五年贯通培养、系统设计"专业实践技能经验积累培养，重视启发学生思维和培养学生运用知识的能力。教材条理清楚，层次分明，结构严谨，图表美观，文字规范，是一套专门针对五年制高职教育人才培养的教材。

学院教材建设与管理工作领导小组

学院教材审定委员会

2017 年 11 月

序言

随着智慧会计时代的来临，会计行为发生了巨大变化，会计职业教育的课程体系和教学内容也应随之变化或调整，其变化的核心就是把以"财务会计核算"为核心的专业课程体系转化为"财务会计核算+管理会计"的双核心课程体系。在学制不变、教学时间基本不变的状况下，构建"财务会计核算+管理会计"的双核心课程体系，并不是简单地在以"财务会计核算"为核心的专业课程体系中增加管理会计课程就可以解决问题的，而是需要在对"财务会计核算"专业课程体系进行调整和优化的基础上，正确设计、精心论证管理会计的课程和管理会计专业技能训练项目课程体系。从2017年度起，江苏联合职业技术学院会计专业协作委员会组织了"江苏省五年制高职会计类专业管理会计课程构建专题研发组"，对智慧会计背景下五年制高职会计类专业课程体系的重构和管理会计专业技能项目化训练课程的开发进行了调研、论证、研究和实践，力求建立一套适应学生的学习基础，实务操作性强，与企业、单位实践相向而行的模块化、填充式、标准化、可组合、可扩展的网络化技能训练教学项目系统，并形成以下研究和实践成果。

一是对五年制高职会计类专业课程体系进行模块化重构，构建了"财务会计核算+管理会计"的双核心的课程模块体系。专业课程设置了财务会计基础课程模块、财务会计核心课程模块、财务会计技能训练项目化课程模块、管理会计基础课程模块、管理会计技能训练项目化课程模块。

二是对专业技能训练进行项目化改革与建设，按照会计核算专业技能训练、管理会计专业技能训练两个实践教学链路构建专业技能训练项目化实训教学课程。其中，财务会计技能训练项目化课程模块优化为"经验积累性"专业训练项目化课程，对学生进行专业技能的反复训练，以实现专业技能经验的积累。管理会计技能训练项目化课程模块按照"体验积累性"专业训练项目化课程建设，通过对学生进行专业技能的体验式训练，提升其运用专业知识、技术解决问题的专业能力。

三是管理会计"体验积累性"专业训练项目化课程的开发。我国中小微企业管理会计发展具有鲜明的多岗位融合、"政策导向型"管理会计工作特色。管理会计工作从阅读财务会计报表开始，根据单位发展和价值管理的需要，逐步围绕"财务会计报表分析、成本项目管理、纳税管理与税控风险管理、薪酬社保管理与分析、内部控制管理与评价、综合业绩分析、风险控制管理、预算管理、绩效评价、价值创造管理、投资管理、融资管理、战略管理分析"等工作范围展开。管理会计与财务会计的主要不同点就是，管理会计是为本单位内部管理需要服务的，并没有刚性统一的工作规范标准和信息语言要求，各单位之间管理会计工作的程度、重点、路径、方法等差异性大。管理会计专业技能不会像财务会计专业技能那样有明确的外部规范和标准要求，而是建立在发散性思维基础上的判断、分析、归纳、提炼、报告等技能。因此，基于上述影响因素，会计职业教育管理会计专业技能实训项目课程体系宜按照"体验积累性"专业训练项目化课程的要求进行建设。

基于上述研究成果，根据我国目前中小微企业财务会计向管理会计转化以及管理会计工作扩展领域和进程不同的现状，五年制高职会计专业的管理会计"体验积累性"训练项目化课程的建设按照三个技能训练项目模块依次开发实践：一是管理会计技能基本训练项目模块，主要包括"财务会计报表阅读报告""财务会计报表分析报告""成本项目管理分析报告""纳税管理分析报告""内部控制评价分析报告"等；二是管理会计技能提升训练项目模块，主要包括"薪酬社保管理分析报告""综合业绩分析报告""风险控制分析报告""预算管理分析报告""绩效评价分析报告"等；三是管理会计技能扩展训练项目模块，主要包括"价值创造管理分析报告""投资管理分析报告""项目可行性分析报告""融资管理分析报告""社会责任承担管理分析报告"等。管理会计技能基本训练项目模块为必修实训项目课程，提升训练项目模块和扩展训练项目模块作为选修实训项目课程，将根据中小企业管理会计发展进程逐步增设。

本管理会计"体验积累性"技能训练项目化课程具有以下特点：

一是适应我国会计实践领域发展要求。本项目化训练课程落实财政部关于全面建设管理会计的相关文件精神，以《管理会计应用指引第801号——企业管理会计报告》为基础，将管理会计指引规范及时引入教学。同时根据我国管理会计实践发展的进程依次开发技能训练项目模块。

二是适应学生现状。初中毕业起点的五年制高职学生年龄较小，具有好奇心强、接受新事物快、可塑性高、喜欢动手等优势，同时也存在理解能力、抽象思维能力、自学能力等方面的不足之处。管理会计知识系统性强，对逻辑思维要求高，如果按照常规教学方法，学生学习管理会计系统性知识的难度非常大。本项目化训练课程适应学生的学习基础，实务操作性强，模块化、填充式、标准化、可组合、可扩展的网络化技能训练学习方式能够破解管理会计课程理论基础要求高、知识系统性强和专业术语多的教学难题。

三是专业技能训练目标明确。训练学生对财务信息和非财务经济信息的阅读、判断、分析、归纳、提炼、报告等技能，使其逐步形成和积累专业判断、运用和扩展能力，并具备利用财务和经济信息进行预测、分析、评价的专业职业能力，能向管理决策者提供较为规范的决策建议。本项目化训练课程的起点是学生对财务信息和非财务经济信息的阅读，训练的关键点是能写出判断、分析、归纳、提炼、建议的报告书。

四是信息化水平高。学院与厦门九九网智科技有限公司合作研发了与纸质教材配套的"管理会计技能训练项目学习平台系统",项目实训可在信息化平台上进行线上、线下训练,同时发挥"互联网+"的教育功能,减少记忆要求,将学习时间碎片化,实现自主学习、愉悦训练。

五是训练项目模板化。对专业训练项目提供阅读、分析、判断、总结、提炼的实训示范引导,训练案例报告提供模板文本,让学生运用示范引导,在报告模板基础上,采用填空、选择等方式实训专业技能点,形成完整的阅读、分析或决策建议报告文本。

六是训练学习成果化。学生通过在报告模板文本上的实训,形成较为规范完整的项目化报告成果。项目化报告成果进入学生的学习物化成果库,逐步积累成由学生训练完成的系列案例报告,可作为学生参加工作后的参考范例。

本套项目化训练教材和"管理会计技能训练项目学习平台系统"符合教育部门对高职高专教育教学的要求,深度适中,实践材料丰富,便于教学和专业技能训练,实务操作性强,与企业、单位管理会计实践相向而行。其项目内容的模块化、填充式、标准化、可组合、可扩展的特色充分体现了"做中学、学中做",强化学生管理会计基本技能的训练,提升学习的针对性和应用性,在专业能力训练体系构建上有创新、有探索,理论与实践紧密结合。

本套项目化训练教材和"管理会计技能训练项目学习平台系统"主要适用于五年制高等职业教育会计类专业的课程教学,也适用于三年制高等职业教育、中等职业教育的财经类专业课程教学,还可以用于会计从业人员的学习、培训。管理会计报告模板文本和训练示范指引也可供广大中小企事业单位管理会计工作人员参考引用。

江苏联合职业技术学院财务会计专业协作委员会
2019 年 1 月

前 言

在我国全面建设小康社会的伟大时代,税制改革不断推进,特别是2019年以来,《关于实施小微企业普惠性税收减免政策的通知》《关于深化增值税改革有关政策的公告》等一系列加大税收优惠、减税让利的财税政策出台,为企业经营发展创造了良好的政策空间和理财空间。企业应如何从容应对我国税制深化改革带来的一系列变化,充分享受减税红利,已经成为各类型企业现代管理会计建设与发展的基础性工作和重点工作。特别是中小微企业管理会计的建设和发展,更具有鲜明的"政策导向型"管理会计特色,其突出表现在我国税收政策变化对中小微企业经营活动和财务管理的影响。企业如何在依法纳税的基础之上充分享受税收优惠政策,已经成为企业理财、规避风险的重点。

根据《管理会计应用指引第801号——企业管理会计报告》,企业纳税管理的关键点是在全面关注税收政策、充分享受税收优惠政策、正确依法纳税申报的基础上,准确分析税务对企业经营活动和资金营运的影响,进行纳税策划与管理,并能对一定时期税务信息和相关政策信息进行判断、分析、归纳、提炼,形成纳税管理建议,撰写出准确的纳税管理分析报告,向企业决策者提供一定时期内的税务管理信息语言。

"企业纳税管理分析报告"是基于上述论证结论,面向五年制高职财会教育开发的管理会计技能项目化训练课程体系中的基本技能训练项目课程。本项目化训练课程的培养目标是让学生形成依法纳税、纳税理财的基本职业素养,能灵敏关注国家税收政策变化,敏锐地运用税收优惠政策进行纳税筹划，进而提升理财的专业技能和职业能力。

本项目化训练课程由纸质化教材和信息化训练平台系统组成。其中，纸质化教材由两个部分组成：

第一部分是"企业纳税管理分析报告指引"，主要是指引学生认知我国现行的税制体系和税收优惠政策，关注我国的税收法规和相关制度、税收优惠政策关键点，并能以此进行案例训练。

第二部分是"企业纳税管理分析报告能力训练"。按照2019年度最新出台的税收政策和税收优惠制度，设计了四个不同类型的企业纳税管理分析训练案例。案例资料是在收集真实的企业纳税申报材料的基础上整理形成的，在此基础上，依据《管理会计应用指引第801号——企业管理会计报告》，设计了税收管理分析和纳税管理分析报告的体例格式。所提供案例资料的专业深度或难度逐步加大，从不同的纳税申报和纳税理财视角训练学生正确填制纳税申报表、阅读纳税申报表信息的能力，使其体验纳税申报、纳税分析、纳税管理报告的撰写，从而锻炼和提升学生运用所学的税务知识、专业技术技能提出问题、分析问题、解决问题的专业能力。

与纸质教材配套的课程信息化平台系统是与厦门九九网智科技有限公司合作开发的。学生能够在信息化平台上进行线上学习和实训训练，实现自主学习、愉悦训练，提升训练实效；借助训练案例报告模板，学生可采用填空、选择等方式形成完整的企业纳税管理分析报告文本；同时，学生实训报告自动转入学习物化成果库。这很好地实现了专业技能训练学习的信息化、模板化和成果化。

本项目化训练课程纸质教材由江苏联合职业技术学院徐州财经分院郑在柏教授、苏州旅游财经分院谢爱明高级讲师编著，苏州旅游财经分院宋建英高级讲师参加了"企业纳税管理分析报告指引"中部分内容的编写。江苏理工学院副教授、注册会计师、高级会计师张燕老师担任主审，学院财务会计专业协作委员会管理会计技能训练教材开发调研组对本书的编写进行了论证和指导。案例资料的收集得到了徐州市总会计师协会的大力协助和支持,在此一并感谢。

恳请使用本项目化训练教材的学校、老师、学生和相关单位提出宝贵意见,以使本书更加完善、实用、适用。联系电子邮箱为:zhengzaibai719@126.com。

编著者

2019 年 10 月

目录

第一部分　企业纳税管理分析报告指引 ……………………………………… 001

第二部分　企业纳税管理分析报告能力训练 ………………………………… 083

  训练案例1 AGT有限责任公司纳税管理分析报告
       （小规模纳税人）………………………………………… 085

  训练案例2 DFT有限责任公司纳税管理分析报告
       （小规模纳税人）………………………………………… 096

  训练案例3 AFSR有限责任公司纳税管理分析报告
       （一般纳税人）…………………………………………… 108

  训练案例4 EHJFM有限责任公司纳税管理分析报告
       （一般纳税人）…………………………………………… 127

第一部分

企业纳税管理分析报告指引

2019 年以来,《关于实施小微企业普惠性税收减免政策的通知》《关于深化增值税改革有关政策的公告》等一系列加大税收优惠、减税让利的财税政策出台,为企业经营发展创造了良好的政策空间。企业想要从容应对我国税制深化改革带来的一系列变化,充分享受减税红利,就必须做好税负测算、整体税收安排、发票管理、价格调整、合同管理、信息化系统升级改造等一系列税收管理工作。因此,在我国不断深化改革、科学快速发展的现阶段,做好纳税管理已经成为各类型企业管理会计建设与发展的基础性工作和重点工作。特别是中小微企业管理会计的建设和发展,更具有鲜明的"政策导向型"管理会计特色,其突出表现在我国税收政策变化对中小微企业经营活动和财务管理的重大影响。企业如何在依法纳税的基础之上,充分享受税收优惠政策,已经成为企业理财、规避风险的重点。

企业纳税管理是指企业为了实现财务管理目标,运用科学的管理手段与方法,对企业涉税事项进行计划、组织、协调、控制,以实现依法规范纳税、充分利用税收优惠政策进行税收筹划、规避纳税风险的管理会计目标。根据《管理会计应用指引第 801 号——企业管理会计报告》,企业纳税管理的关键点是在全面关注税收政策、充分享受税收优惠政策、正确依法纳税申报的基础上,准确分析税务对企业经营活动和资金营运的影响,进行纳税规划,并对一定时期税务信息和相关政策信息进行判断、分析、归纳、提炼,形成纳税管理建议,撰写出准确的纳税管理分析报告,向企业决策者提供一定时期内的税务管理信息语言。

一、撰写纳税管理分析报告的基础资料（表1）

表1　撰写纳税管理分析报告的基础资料

准备工作	内容	资料来源
企业主要财务数据	资产规模及结构、主营业务收入、主营业务成本、期间费用、主要业务利润等	根据企业资产负债表、利润表等会计报表汇总和整理所得
企业纳税申报及相关税务资料	增值税专用发票销售收入、普通发票销售收入，销售收入分类表，企业纳税种类、税额、纳税方式、预缴税额、汇算清缴额等	根据纳税人税种登记表、企业各税纳税申报表及其附列资料汇总和整理所得
企业享有的税收优惠政策汇总表	企业享受的各主要税种的税收优惠政策及其政策依据〔见现行纳税优惠政策指引（截至2019年8月）〕	根据企业享受的优惠政策备案审批表、国家及地方税务局网站及相关税收法律文件汇总和整理所得；企业适用的税收政策变化表

二、现行税类与基本法规依据指引（表2）

表2　现行税类与基本法规依据指引

类别	种类	纳税人	基本法规依据
税种	增值税	在中华人民共和国境内销售货物或者提供应税劳务，销售服务、无形资产、不动产以及进口货物的单位和个人	1.《中华人民共和国增值税暂行条例》 2.《中华人民共和国增值税暂行条例实施细则》 3.《增值税一般纳税人登记管理办法》（国家税务总局令第43号） 4.《关于统一增值税小规模纳税人标准的通知》（财税〔2018〕33号）

续表

类别	种类	纳税人	基本法规依据
税种	消费税	在中华人民共和国境内生产、委托加工和进口,以及国务院确定的销售《中华人民共和国消费税暂行条例》规定的应税消费品的单位和个人	1.《中华人民共和国消费税暂行条例》 2.《中华人民共和国消费税暂行条例实施细则》
	城市维护建设税	在征税范围内从事工商经营,缴纳增值税、消费税、营业税的单位和个人,征税范围包括城市、县城、建制镇以及税法规定征税的其他地区	《中华人民共和国城市维护建设税暂行条例》
	企业所得税	在中华人民共和国境内,企业和其他取得收入的组织为企业所得税的纳税人;个人独资企业、合伙企业不适用本法	1.《中华人民共和国企业所得税法》 2.《中华人民共和国企业所得税法实施条例》
	个人所得税	居民个人从中国境内和境外取得的所得,非居民个人从中国境内取得的所得,依照本法规定缴纳个人所得税	1.《中华人民共和国个人所得税法》 2.《中华人民共和国个人所得税法实施条例》
	资源税	在中华人民共和国领域和中华人民共和国管辖的其他海域开发应税资源的单位和个人	1.《中华人民共和国资源税法》 2.《资源税税目税率表》
	土地增值税	转让国有土地使用权、地上建筑物及其附着物并取得收入的单位和个人	1.《中华人民共和国土地增值税暂行条例》 2.《中华人民共和国土地增值税暂行条例实施细则》
	车辆购置税	在中华人民共和国境内购置应税车辆的单位和个人	《中华人民共和国车辆购置税法》

续表

类别	种类	纳税人	基本法规依据
税种	耕地占用税	在中华人民共和国境内占用耕地建设建筑物、构筑物或者从事非农业建设的单位和个人	《中华人民共和国耕地占用税法》
	城镇土地使用税	在中华人民共和国境内在城市、县城、建制镇、工矿区范围内使用土地的单位和个人	《中华人民共和国城镇土地使用税暂行条例》
	车船税	在中华人民共和国境内属于本法所附《车船税税目税额表》规定的车辆、船舶（以下简称车船）的所有人或者管理人	1.《中华人民共和国车船税法》 2.《中华人民共和国车船税法实施条例》 3.《车船税税目税额表》
	环境保护税	在中华人民共和国领域和中华人民共和国管辖的其他海域，直接向环境排放应税污染物的企业事业单位和其他生产经营者	1.《中华人民共和国环境保护税法》 2.《中华人民共和国环境保护税法实施条例》 3.《环境保护税税目税额表》 4.《应税污染物和当量值表》
	印花税	在中华人民共和国境内书立、领受《中华人民共和国印花税暂行条例》所列举凭证的单位和个人，具体有：立合同人、立据人、立账簿人、领受人、使用人	1.《中华人民共和国印花税暂行条例》 2.《关于发布〈印花税管理规程（试行）〉的公告》（国家税务总局公告2016年第77号） 3.《印花税税目税率表》
	契税	在中华人民共和国境内转移土地、房屋权属，承受的单位和个人	1.《中华人民共和国契税暂行条例》 2.《中华人民共和国契税暂行条例细则》

续表

类别	种类	纳税人	基本法规依据
税种	烟叶税	在中华人民共和国境内，依照《中华人民共和国烟草专卖法》的规定收购烟叶的单位	1.《中华人民共和国烟叶税法》 2.《关于明确烟叶税计税依据的通知》（财税〔2018〕75号）
税种	进出口关税	中华人民共和国准许进出口的货物、进境物品；进口货物的收货人、出口货物的发货人、进境物品的所有人	1.《中华人民共和国进出口关税条例》 2.《中华人民共和国进出口税则》 3.《中华人民共和国进境物品进口税税率表》
基金费类	教育费附加和地方教育附加	凡缴纳增值税、消费税、营业税的单位和个人	1.《征收教育费附加的暂行规定》（国发〔1986〕50号） 2.《关于修改〈征收教育费附加的暂行规定〉的决定》（国务院令第448号，国务院令第588号修改） 3.《关于增值税期末留抵退税有关城市维护建设税教育费附加和地方教育附加政策的通知》（财税〔2018〕80号）
基金费类	社会保险费缴费	中华人民共和国境内的用人单位和个人依法缴纳社会保险费（基本养老保险、基本医疗保险、工伤保险、失业保险、生育保险）	1.《中华人民共和国社会保险法》 2.《社会保险费征缴暂行条例》
基金费类	残疾人就业保障金	安排残疾人就业达不到其所在地省、自治区、直辖市人民政府规定比例的用人单位	1.《中华人民共和国残疾人保障法》 2.《残疾人就业条例》

续表

类别	种类	纳税人	基本法规依据
基金费类	文化事业建设费	在中华人民共和国境内提供广告服务的广告媒介单位和户外广告经营单位以及提供娱乐服务的单位和个人	1.《关于支持文化事业发展若干经济政策的通知》(国发〔2000〕41号) 2.《关于营业税改征增值税试点有关文化事业建设费政策及征收管理问题的通知》(财税〔2016〕25号)
	废弃电器电子产品处理基金	电器电子产品生产者、进口电器电子产品的收货人或者其代理人	1.《关于印发〈废弃电器电子产品处理基金征收使用管理办法〉的通知》(财综〔2012〕34号) 2.《关于进一步明确废弃电器电子产品处理基金征收产品范围的通知》(财综〔2012〕80号)
	非税收入缴纳	申报国家重大水利工程建设基金、农网还贷资金、可再生能源发展基金、中央水库移民扶持基金、三峡电站水资源费、核电站乏燃料处理处置基金、免税商品特许经营费、油价调控风险准备金、核事故应急准备专项收入,以及国家留成油收入、石油特别收益金的缴费人	《关于国家重大水利工程建设基金等政府非税收入项目征管职责划转有关事项的公告》(国家税务总局公告2018年第63号)

三、主要税种的税制概要(政策变化截至2019年8月)

特别提示:针对高职高专会计类专业学生的培养目标定位和培养规格要求,为提升学生对纳税管理分析报告撰写的基本技能,本教材仅选择增值税、企业所得税等大中小微企业都涉及的税种设计纳税管理分析报告专业技能训练案例。因此,现仅就增值税和企业所得税列示税制政策概要,见表3—表7。

表3 增值税税制政策概要

税类	纳税人	税率或征收率		纳税申报填报资料
增值税	一般纳税人	一般方法计算	2019年4月1日起发生增值税应税销售行为或者进口货物，原适用16%税率的，税率调整为13%；原适用10%税率的，税率调整为9%。纳税人购进农产品，原适用10%扣除率的，扣除率调整为9%。纳税人购进用于生产或者委托加工13%税率货物的农产品，按照10%的扣除率计算进项税额。（见表4和表6）	《增值税纳税申报表（一般纳税人适用）》附列资料一：《本期销售情况明细》附列资料二：《本期进项税额明细》附列资料三：《应税服务扣除项目明细》附列资料四：《税额抵减情况表》附列资料五：《不动产分期扣除表》
		选择简易计税方法计算	一般纳税人提供建筑服务选择适用简易计税办法的为3%；房地产开发企业销售自行开发的房地产老项目，选择适用简易计税方法的为5%；出租或转让其2016年4月30日前取得的不动产，选择适用简易计税方法的为5%。（见表5）	
	小规模纳税人	征收率为5%；3%（见表5）		《增值税纳税申报表（增值税小规模纳税人适用）》《增值税纳税申报表（增值税小规模纳税人适用）附列资料》

表4 增值税适用税率表（2019年4月1日起）

序号	税目	增值税税率
1	陆路运输服务	9%
2	水路运输服务	9%
3	航空运输服务	9%
4	管道运输服务	9%
5	邮政普遍服务	9%
6	邮政特殊服务	9%
7	其他邮政服务	9%
8	基础电信服务	9%
9	增值电信服务	6%
10	工程服务	9%
11	安装服务	9%
12	修缮服务	9%
13	装饰服务	9%
14	其他建筑服务	9%
15	贷款服务	6%
16	直接收费金融服务	6%
17	保险服务	6%
18	金融商品转让	6%
19	研发和技术服务	6%
20	信息技术服务	6%
21	文化创意服务	6%
22	物流辅助服务	6%

续表

序号	税 目	增值税税率
23	有形动产租赁服务	13%
24	不动产租赁服务	9%
25	鉴证咨询服务	6%
26	广播影视服务	6%
27	商务辅助服务	6%
28	其他现代服务	6%
29	文化体育服务	6%
30	教育医疗服务	6%
31	旅游娱乐服务	6%
32	餐饮住宿服务	6%
33	居民日常服务	6%
34	其他生活服务	6%
35	销售无形资产	6%
36	转让土地使用权	9%
37	销售不动产	9%
38	在境内载运旅客或者货物出境	0%
39	在境外载运旅客或者货物入境	0%
40	在境外载运旅客或者货物	0%
41	航天运输服务	0%
42	向境外单位提供的完全在境外消费的研发服务	0%
43	向境外单位提供的完全在境外消费的合同能源管理服务	0%
44	向境外单位提供的完全在境外消费的设计服务	0%

续表

序号	税目	增值税税率
45	向境外单位提供的完全在境外消费的广播影视节目（作品）的制作和发行服务	0%
46	向境外单位提供的完全在境外消费的软件服务	0%
47	向境外单位提供的完全在境外消费的电路设计及测试服务	0%
48	向境外单位提供的完全在境外消费的信息系统服务	0%
49	向境外单位提供的完全在境外消费的业务流程管理服务	0%
50	向境外单位提供的完全在境外消费的离岸服务外包业务	0%
51	向境外单位提供的完全在境外消费的转让技术	0%
52	财政部和国家税务总局规定的其他服务	0%
53	销售或者进口货物（另有列举的货物除外）	13%
54	粮食等农产品、食用植物油、食用盐	9%
55	自来水、暖气、冷气、热水、煤气、石油液化气、天然气、沼气、二甲醚、居民用煤炭制品	9%
56	图书、报纸、杂志、音像制品、电子出版物	9%
57	饲料、化肥、农药、农机、农膜	9%
58	国务院规定的其他货物	9%
59	加工、修理修配劳务	13%
60	出口货物（国务院另有规定的除外）	0%

表5 增值税适用征收率表（2019年4月1日起）

序号	税　目	增值税征收率
1	陆路运输服务	3%
2	水路运输服务	3%
3	航空运输服务	3%
4	管道运输服务	3%
5	邮政普遍服务	3%
6	邮政特殊服务	3%
7	其他邮政服务	3%
8	基础电信服务	3%
9	增值电信服务	3%
10	工程服务	3%
11	安装服务	3%
12	修缮服务	3%
13	装饰服务	3%
14	其他建筑服务	3%
15	贷款服务	3%
16	直接收费金融服务	3%
17	保险服务	3%
18	金融商品转让	3%
19	研发和技术服务	3%
20	信息技术服务	3%
21	文化创意服务	3%
22	物流辅助服务	3%

续表

序号	税　目	增值税征收率
23	有形动产租赁服务	3%
24	不动产租赁服务	5%
25	鉴证咨询服务	3%
26	广播影视服务	3%
27	商务辅助服务	3%
28	其他现代服务	3%
29	文化体育服务	3%
30	教育医疗服务	3%
31	旅游娱乐服务	3%
32	餐饮住宿服务	3%
33	居民日常服务	3%
34	其他生活服务	3%
35	销售无形资产	3%
36	转让土地使用权	3%
37	销售不动产	5%
38	销售或者进口货物	3%
39	粮食等农产品、食用植物油、食用盐	3%
40	自来水、暖气、冷气、热水、煤气、石油液化气、天然气、二甲醚、沼气、居民用煤炭制品	3%
41	图书、报纸、杂志、音像制品、电子出版物	3%
42	饲料、化肥、农药、农机、农膜	3%
43	国务院规定的其他货物	3%

续表

序号	税目	增值税征收率
44	加工、修理修配劳务	3%
45	一般纳税人提供建筑服务,选择适用简易计税方法的	3%
46	小规模纳税人转让其取得的不动产	5%
47	个人转让其购买的住房	5%
48	房地产开发企业中的一般纳税人,销售自行开发的房地产老项目,选择适用简易计税方法的	5%
49	房地产开发企业中的小规模纳税人,销售自行开发的房地产项目	5%
50	一般纳税人出租其2016年4月30日前取得的不动产,选择适用简易计税方法的	5%
51	单位和个体工商户出租不动产(个体工商户出租住房减按1.5%计算应纳税额)	5%
52	其他个人出租不动产(出租住房减按1.5%计算应纳税额)	5%
53	一般纳税人转让其2016年4月30日前取得的不动产,选择适用简易计税方法的	5%

表6　增值税适用扣除率表(2019年4月1日起)

序号	税目	增值税扣除率
1	购进农产品(除以下第2项外)	按9%的扣除率计算进项税额
2	购进用于生产销售或委托加工13%税率货物的农产品	按10%的扣除率计算进项税额

表7　企业所得税税制政策概要（2018年12月29日起）

税类	纳税人	税率	纳税申报填报资料
所得税	一般企业	1. 基本税率25%。 2. 适用15%税率： （1）国家需要重点扶持的高新技术企业； （2）技术先进型服务企业； （3）横琴新区等地区现代服务业合作区的鼓励类产业企业； （4）西部地区鼓励类产业； （5）集成电路线宽小于0.25微米或投资额超过80亿元的集成电路生产企业； （6）从事污染防治的第三方企业。 3. 适用10%税率： （1）重点软件企业和集成电路设计企业特定情形； （2）非居民企业特定情形所得。	1.《中华人民共和国企业所得税月（季）度预缴纳税申报表（A类，2018年版）》（适用查账征收）及其附表（A201030《减免所得税优惠明细表》、A000000《企业所得税年度纳税申报基础信息表》、A201020《固定资产加速折旧（扣除）优惠明细表》、A201010《免税收入、减计收入、所得减免等优惠明细表》等） 2.《中华人民共和国企业所得税月（季）度预缴和年度纳税申报表（B类，2018年版）》（适用核定征收） 3.《中华人民共和国企业所得税年度纳税申报表（A类，2017年版）》 4.《中华人民共和国企业清算所得税申报表》
	小微企业	自2019年1月1日至2021年12月31日，对小型微利企业年应纳税所得额不超过100万元的部分，减按25%计入应纳税所得额，按20%的税率缴纳企业所得税；对年应纳税所得额超过100万元但不超过300万元的部分，减按50%计入应纳税所得额，按20%的税率缴纳企业所得税。	1.《中华人民共和国企业年度关联业务往来报告表》 2.《中华人民共和国非居民企业所得税预缴申报表（2019年版）》及其附表（《纳税调整项目明细表》《企业所得税弥补亏损明细表》《对外合作开采石油企业勘探开发费用年度明细表》《非居民企业机构、场所汇总缴纳所得税税款分配表》《非居民企业机构、场所核定计算明细表》）

四、现行纳税优惠政策指引（截至2019年8月）（表8）

表8 现行纳税优惠政策指引

纳税优惠政策	优惠内容	享受主体	享受条件	政策依据
（一）增值税小规模纳税人销售额未超限额免征增值税	自2019年1月1日至2021年12月31日，对月销售额10万元以下（以1个纳税期为1个季度的，季度销售额30万元以下，含本数）的增值税小规模纳税人，免征增值税。	增值税小规模纳税人	1. 此优惠政策适用于增值税小规模纳税人（包括：企业和非企业单位、个体工商户、其他个人）。 2. 小规模纳税人发生增值税应税销售行为，合计月销售额超过10万元，但扣除本期发生销售不动产销售额后未超过10万元的，其销售货物、劳务、服务、无形资产取得的销售额免征增值税。	1.《关于实施小微企业普惠性税收减免政策的通知》（财税〔2019〕13号）第一条 2.《关于小规模纳税人免征增值税政策有关征管问题的公告》（国家税务总局公告2019年第4号）
（二）软件产品增值税超税负即征即退	增值税一般纳税人销售其自行开发生产的软件产品，按17%（自2018年5月1日起，原适用17%税率的调整为16%；自2019年4月1日起，原适用16%税率的调整为13%）税率征收增值税后，对其增值税实际税负超过3%的部分实行即征即退政策。	自行开发生产销售软件产品（包括将进口软件产品进行本地化改造后对外销售）的增值税一般纳税人	享受优惠政策的软件产品，需要满足以下条件： 1. 取得省级软件产业主管部门认可的软件检测机构出具的检测证明材料； 2. 取得软件产业主管部门颁发的《软件产品登记证书》或著作权行政管理部门颁发的《计算机软件著作权登记证书》。	1.《关于软件产品增值税政策的通知》（财税〔2011〕100号） 2.《关于调整增值税税率的通知》（财税〔2018〕32号）第一条 3.《关于深化增值税改革有关政策的公告》（财政部税务总局海关总署公告2019年第39号）第一条

第一部分　企业纳税管理分析报告指引　017

续表

纳税优惠政策	优惠内容	享受主体	享受条件	政策依据
(三) 增值税小规模纳税人减免资源税等"六税两费"	自2019年1月1日至2021年12月31日，由省、自治区、直辖市人民政府根据本地区实际情况，以及宏观调控需要确定，对增值税小规模纳税人可以在50%（全国各省市都按照50%顶格）的税额幅度内减征资源税、城市维护建设税、房产税、城镇土地使用税、印花税（不含证券交易印花税）、耕地占用税和教育费附加、地方教育附加。增值税小规模纳税人已依法享受资源税、城市维护建设税、房产税、城镇土地使用税、印花税、耕地占用税、教育费附加、地方教育附加其他优惠政策的，可叠加享受此项优惠政策。	增值税小规模纳税人	增值税小规模纳税人按照各省、自治区、直辖市人民政府根据本地区实际情况，以及宏观调控需要确定的税额幅度，享受税收优惠。	1.《关于实施小微企业普惠性税收减免政策的通知》（财税[2019] 13号）第三条、第四条 2.《关于增值税小规模纳税人地方税种和相关附加征减征政策有关征管问题的公告》（国家税务总局公告2019年第5号）

续表

纳税优惠政策	优惠内容	享受主体	享受条件	政策依据
（四）小型微利企业减免企业所得税	自2019年1月1日至2021年12月31日，对小型微利企业年应纳税所得额不超过100万元的部分，减按25%计入应纳税所得额，按20%的税率缴纳企业所得税；对年应纳税所得额超过100万元但不超过300万元的部分，减按50%计入应纳税所得额，按20%的税率缴纳企业所得税。	小型微利企业	1. 小型微利企业是指从事国家非限制和禁止行业，且同时符合年度应纳税所得额不超过300万元、从业人数不超过300人、资产总额不超过5 000万元等三个条件的企业。 2. 从业人数，包括与企业建立劳动关系的职工人数和企业接受的劳务派遣用工人数。所称从业人数和资产总额指标，应按企业全年的季度平均值确定。具体计算公式如下： 季度平均值＝（季初值＋季末值）÷2 全年季度平均值＝全年各季度平均值之和÷4 年度中间开业或者终止经营活动的，以其实际经营期作为一个纳税年度确定上述相关指标。	1.《中华人民共和国企业所得税法》第二十八条第一款 2.《中华人民共和国企业所得税法实施条例》第九十二条 3.《关于实施小微企业普惠性税收减免政策的通知》（财税〔2019〕13号）第二条 4.《关于实施小型微利企业普惠性所得税减免政策有关问题的公告》（国家税务总局公告2019年第2号）
（五）职工教育经费按照8%企业所得税税前扣除	企业发生的职工教育经费支出，不超过工资薪金总额8%的部分，准予在计算企业所得税应纳税所得额时扣除；超过部分，准予在以后纳税年度结转扣除。	所有企业	发生职工教育经费支出	1.《中华人民共和国企业所得税法实施条例》第四十二条 2.《关于企业职工教育经费税前扣除政策的通知》（财税〔2018〕51号）

续表

纳税优惠政策	优惠内容	享受主体	享受条件	政策依据
（六）账簿印花税减免	自2018年5月1日起，对按万分之五税率贴花的资金账簿减半征收印花税，对按件贴花五元的其他账簿免征印花税。	所有企业	无	《关于对营业账簿减免印花税的通知》（财税〔2018〕50号）
（七）以非货币性资产对外投资确认的非货币性资产转让所得分期缴纳企业所得税	可自确认非货币性资产转让收入年度起不超过连续5个纳税年度的期间内，非货币性资产转让所得分期均匀计入相应年度的应纳税所得额，按规定计算缴纳企业所得税。	以非货币性资产对外投资的居民企业	1. 企业以非货币性资产对外投资，应于投资协议生效并办理股权登记手续时，确认非货币性资产转让收入的实现，对非货币性资产进行评估并按评估后的公允价值扣除计税基础后的余额，计算确认非货币性资产转让所得。 2. 企业以非货币性资产对外投资的股权，应以非货币性资产的原计税成本为计税基础，加上每年确认的非货币性资产转让所得，逐年进行调整。 3. 被投资企业取得非货币性资产的计税基础，应按非货币性资产的公允价值确定。 4. 企业在对外投资5年内转让上述股权或投资收回的，应停止执行递延纳税政策，并就递延期内尚未确认的非货币性资产转让所得，在转让股权或投资收回当年的企业所得税年度汇算清缴时，一次性计算缴纳企业所得税。	

续表

纳税优惠政策	优惠内容	享受主体	享受条件	政策依据
			5. 企业在对外投资5年内注销的,应停止执行递延纳税政策,并就递延期内尚未确认的非货币性资产转让所得,在注销当年的企业所得税年度汇算清缴时,一次性计算缴纳企业所得税。 6. 非货币性资产,是指现金、银行存款、应收账款、应收票据以及准备持有至到期的债券投资等货币性资产以外的资产。 7. 非货币性资产投资,限于以非货币性资产出资设立新的居民企业,或将非货币性资产注入现存的居民企业。 8. 享受政策的居民企业实行查账征收。	1.《关于非货币性资产投资企业所得税政策问题的通知》(财税〔2014〕116号) 2.《关于非货币性资产投资企业所得税有关征管问题的公告》(国家税务总局公告2015年第33号)
(八) 以非货币性资产对外投资确认的非货币性资产转让所得分期缴纳个人所得税	对非货币性资产转让所得按"财产转让所得"缴纳个人所得税,一次性缴纳税有困难的,可合理确定分期缴纳计划并报主管税务机关备案后,在不超过5个公历年度内(含)分期缴纳。	以非货币性资产对外投资的个人	1. 非货币性资产,是指现金、银行存款等货币性资产以外的资产,包括股权、不动产、技术发明成果以及其他形式的非货币性资产。 2. 非货币性资产投资,包括以非货币性资产出资设立新的企业,以及以非货币性资产出资参与企业增资扩股、定向增发股票、股权置换、重组改制等投资行为。	

第一部分　企业纳税管理分析报告指引　021

续表

纳税优惠政策	优惠内容	享受主体	享受条件	政策依据
			3. 个人以非货币性资产投资，应于非货币性资产转让、取得被投资企业股权时，按评估后的公允价值确认非货币性资产转让收入。 4. 个人以非货币性资产投资应缴纳的税款，现金部分应优先用于取得现金补价的，现金部分应优先用于缴纳税款；现金不足以缴纳的部分，可分期缴纳。个人在分期缴税期间转让其持有的上述股权的，取得的现金收入应优先用于缴纳尚未缴清的税款。	1.《关于个人非货币性资产投资有关个人所得税政策的通知》（财税〔2015〕41号） 2.《关于个人非货币性资产投资有关个人所得税征管问题的公告》（国家税务总局公告2015年第20号）
（九）中小高新技术企业向个人股东转增股本分期缴纳个人所得税	中小高新技术企业以未分配利润、盈余公积、资本公积向个人股东转增股本时，个人股东一次缴纳个人所得税确有困难的，可根据实际情况自行制定分期缴税计划，在不超过5个公历年度内（含）分期缴纳，并将有关资料报主管税务机关备案。	中小高新技术企业的个人股东	中小高新技术企业是在中国境内注册的实行查账征收、经认定取得高新技术企业资格，且年销售额和资产总额均不超过2亿元、从业人数不超过500人的企业。	1.《关于将国家自主创新示范区有关税收试点政策推广到全国范围实施的通知》（财税〔2015〕116号）第三条 2.《关于股权奖励和转增股本个人所得税征管问题的公告》（国家税务总局公告2015年第80号）第二条

续表

纳税优惠政策	优惠内容	享受主体	享受条件	政策依据
（十）企业及个人以技术成果投资入股递延缴纳所得税	企业或个人以技术成果投资入股到境内居民企业，被投资企业支付的对价全部为股票（权）的，投资入股当期可暂不纳税，允许递延至转让股权时，按股权转让收入减去技术成果原值和合理税费后的差额计算缴纳所得税。	以技术成果投资入股的企业或个人	1. 技术成果是指专利技术（含国防专利）、计算机软件著作权、集成电路布图设计专有权、植物新品种权、生物医药新品种，以及科技部、财政部、国家税务总局确定的其他技术成果。 2. 适用递延纳税政策的居民企业且以技术成果所有权投资。	1.《关于完善股权激励和技术入股有关所得税政策的通知》（财税〔2016〕101号）第三条 2.《关于股权激励和技术入股所得税征管问题的公告》（国家税务总局公告2016年第62号）
（十一）委托境外研发费用加计扣除	委托境外进行研发活动所发生的费用，按照费用实际发生额的80%计入委托方的委托境外研发费用。委托境外研发费用不超过境内符合条件的研发费用三分之二的部分，可以按规定在企业所得税前加计扣除。	会计核算健全、实行查账征收并能够准确归集研发费用的居民企业	1. 上述费用实际发生额应按照独立交易原则确定。委托方与受托方存在关联关系的，受托方应向委托方提供研发项目费用支出明细情况。 2. 委托境外进行研发活动应签订技术开发合同，并由委托方科技行政主管部门进行登记。相关事项办法及技术合同认定登记管理按科技部、财政部、国家税务总局《关于印发〈技术合同认定登记管理办法〉的通知》及《技术开发合同认定规则》等规定执行。 3. 委托境外进行研发活动不包括委托境外个人进行的研发活动。	1.《关于完善研究开发费用税前加计扣除政策的通知》（财税〔2015〕119号） 2.《关于企业研究开发费用税前加计扣除政策有关问题的公告》（国家税务总局公告2015年第97号） 3.《关于企业委托境外研究开发费用税前加计扣除有关政策问题的通知》（财税〔2018〕64号） 4.《关于提高研究开发费用税前加计扣除比例的通知》（财税〔2018〕99号）

续表

纳税优惠政策	优惠内容	享受主体	享受条件	政策依据
(十二) 高新技术企业减按15%税率征收企业所得税	国家需要重点扶持的高新技术企业,减按15%税率征收企业所得税。	国家重点扶持的高新技术企业	1. 高新技术企业是指在《国家重点支持的高新技术领域》内,持续进行研究开发与技术成果转化,形成企业核心自主知识产权,并以此为基础开展经营活动,在中国境内(不包括港、澳、台地区)注册的居民企业。 2. 高新技术企业主要经过省、自治区、直辖市、计划单列市科技行政管理部门同本级财政、税务管理机构组成的高新技术企业认定管理机构的认定,认定标准如下: (1) 企业申请认定时须注册成立一年以上; (2) 企业通过自主研发、受让、受赠、并购等方式,获得对其主要产品(服务)在技术上发挥核心支持作用的知识产权的所有权; (3) 对企业主要产品(服务)发挥核心支持作用的技术属于《国家重点支持的高新技术领域》规定的范围; (4) 企业从事研发和相关技术创新活动的科技人员占企业当年职工总数的比例不低于10%;	1.《中华人民共和国企业所得税法》第二十八条第二款 2.《中华人民共和国企业所得税法实施条例》第九十三条 3.《关于高新技术企业境外所得适用税率及税收抵免问题的通知》(财税[2011] 47号) 4.《关于修订印发〈高新技术企业认定管理办法〉的通知》(国科发火[2016] 32号)

续表

纳税优惠政策	优惠内容	享受主体	享受条件	政策依据
			(5) 企业近三个会计年度（实际经营期不满三年的按实际经营时间计算）的研究开发费用总额占同期销售收入总额的比例符合相应要求； (6) 近一年高新技术产品（服务）收入占企业同期总收入的比例不低于60%； (7) 企业创新能力评价应达到相应要求； (8) 企业申请认定前一年内未发生重大安全、重大质量事故或严重环境违法行为。	5.《关于修订印发〈高新技术企业认定管理工作指引〉的通知》（国科发火〔2016〕195号） 6.《关于实施高新技术企业所得税优惠政策有关问题的公告》（国家税务总局公告2017年第24号）
(十三) 高新技术企业和科技型中小企业亏损结转年限延长至10年	自2018年1月1日起，当年具备高新技术企业或科技型中小企业资格（以下统称资格）的企业，其具备资格年度之前5个年度发生的尚未弥补完的亏损，准予结转以后年度弥补，最长结转年限由5年延长至10年。	高新技术企业和科技型中小企业	1. 高新技术企业，是指按照《关于修订印发〈高新技术企业认定管理办法〉的通知》（国科发火〔2016〕32号）规定认定的高新技术企业。 2. 科技型中小企业，是指按照《关于印发〈科技型中小企业评价办法〉的通知》（国科发政〔2017〕115号）规定取得科技型中小企业登记编号的企业。	《关于延长高新技术企业和科技型中小企业亏损结转年限的通知》（财税〔2018〕76号）

续表

纳税优惠政策	优惠内容	享受主体	享受条件	政策依据
（十四）技术先进型服务企业减按15%税率征收企业所得税	经认定的技术先进型服务企业，减按15%的税率征收企业所得税。	经认定的技术先进型服务企业	1. 技术先进型服务企业为在中国境内（不包括港、澳、台地区）注册的法人企业。 2. 从事《技术先进型服务业认定范围（试行）》中的一种或多种技术先进型服务业务，采用先进技术或具备较强的研发能力，其中服务领域须属于《技术先进型服务业领域范围（服务贸易类）》或《技术先进型服务业领域范围（服务贸易类）》执行。 3. 具有大专以上学历的员工占企业职工总数的50%以上。 4. 从事《技术先进型服务业认定范围（试行）》中的技术先进型服务业务取得的收入占企业当年总收入的50%以上，其中服务贸易类技术先进型服务业领域范围（服务贸易类）中的技术先进型服务业务取得的收入占企业当年总收入的50%以上。 5. 从事离岸服务外包业务取得的收入不低于企业当年总收入的35%。	1.《关于将技术先进型服务企业所得税政策推广至全国实施的通知》（财税〔2017〕79号） 2.《关于服务贸易创新发展试点地区技术先进型服务企业所得税政策推广至全国实施的通知》（财税〔2018〕44号）

续表

纳税优惠政策	优惠内容	享受主体	享受条件	政策依据
（十五）国家规划布局内重点软件企业按10%税率征收企业所得税	符合条件的国家规划布局内重点软件企业，如当年未享受免税优惠的，可减按10%的税率征收企业所得税。	国家规划布局内的重点软件企业	1. 软件企业是指以软件产品开发销售（营业）为主营业务并同时符合下列条件的企业： (1) 在中国境内（不包括港、澳、台地区）依法注册的居民企业； (2) 汇算清缴年度具有大学专科以上学历的职工人数占企业月平均职工总数的比例不低于40%，其中研究开发人员占企业月平均职工总数的比例不低于20%； (3) 拥有核心关键技术，并以此为基础开展经营活动，且汇算清缴年度研究开发费用总额占企业销售（营业）收入总额的比例不低于6%，其中，企业在中国境内发生的研究开发费用金额占研究开发费用总额的比例不低于60%； (4) 汇算清缴年度软件产品开发销售（营业）收入占企业收入总额的比例不低于50%〔嵌入式软件产品和集成电路设计企业销售（营业）收入占企业收入总额的比例不低于40%〕，其中，软件产品自主开发销售（营业）收入占企业收入总额的比例不低于40%〔嵌入	1.《关于进一步鼓励软件产业和集成电路产业发展企业所得税政策的通知》（财税〔2012〕27号）第四条

续表

纳税优惠政策	优惠内容	享受主体	享受条件	政策依据
			式软件产品和信息系统集成产品开发销售（营业）收入占企业收入总额的比例不低于30%]； (5) 主营业务拥有自主知识产权； (6) 具有与软件开发相适应软硬件设施等开发环境（如合法的开发工具等）； (7) 汇算清缴年度未发生重大安全、重大质量事故或严重环境违法行为。 2. 国家规划布局内重点软件企业除符合上述规定外，还应至少符合下列条件中的一项： (1) 汇算清缴年度软件产品开发销售（营业）收入不低于2亿元，应纳税所得额不低于1000万元，研究开发人员占企业月平均职工总数的比例不低于25%； (2) 在国家规定的重点软件领域内，汇算清缴年度软件产品开发销售（营业）收入不低于5000万元，应纳税所得额不低于250万元，研究开发人员占企业月平均职工总数的比例不低于25%，企业在中国境内发生的研究开发费用金额占研究开发费用总额的比例不低于70%；	2.《关于软件和集成电路产业企业所得税优惠政策有关问题的通知》（财税〔2016〕49号） 3.《关于印发国家规划布局内重点软件和集成电路设计领域的通知》（发改高技〔2016〕1056号）

续表

纳税优惠政策	优惠内容	享受主体	享受条件	政策依据
			(3) 汇算清缴年度软件出口收入总额不低于800万美元，软件出口收入总额占本企业收入总额比例不低于50%，研究开发人员占企业月平均职工总数的比例不低于25%。	
(十六) 软件企业定期减免企业所得税	我国境内的符合条件的软件企业，经认定，在2017年12月31日前自获利年度计算优惠期，第一年至第二年免征企业所得税，第三年至第五年按照25%的法定税率减半征收企业所得税，并享受至期满为止。	依法成立且符合条件的软件企业	软件企业是指以软件产品开发销售（营业）为主营业务并同时符合下列条件的企业： 1. 在中国境内（不包括港、澳、台地区）依法注册的居民企业； 2. 汇算清缴年度具有大学专科以上学历的职工人数占企业月平均职工总数的比例不低于40%，其中研究开发人员占企业月平均职工总数的比例不低于20%； 3. 拥有核心关键技术，并以此为基础开展经营活动，且汇算清缴年度研究开发费用总额占企业销售（营业）收入总额的比例不低于6%，其中，企业在中国境内发生的研究开发费用金额占研究开发费用总额的比例不低于60%；	1.《关于进一步鼓励软件产业和集成电路产业发展企业所得税政策的通知》（财税〔2012〕27号）第三条 2.《关于软件和集成电路产业企业所得税优惠政策有关问题的通知》（财税〔2016〕49号） 3.《关于集成电路设计和软件产业企业所得税政策的公告》（财政部 税务总局公告2019年第68号）

续表

纳税优惠政策	优惠内容	享受主体	享受条件	政策依据
			4. 汇算清缴年度企业软件产品开发销售（营业）收入占企业收入总额的比例不低于50%［嵌入式软件产品和信息系统集成产品开发销售（营业）收入占企业收入总额的比例不低于40%］，其中，软件产品自主开发销售（营业）收入占企业软件产品开发销售（营业）收入的比例不低于40%［嵌入式软件产品和信息系统集成产品开发销售（营业）收入占企业软件产品开发销售（营业）收入的比例不低于30%］； 5. 主营业务拥有自主知识产权； 6. 具有与软件开发相适应软硬件设施等开发环境（如合法的开发工具等）； 7. 汇算清缴年度未发生重大安全、重大质量事故或严重环境违法行为。	

续表

纳税优惠政策	优惠内容	享受主体	享受条件	政策依据
（十七）研发费用加计扣除	1. 2018年1月1日至2020年12月31日期间，企业开展研发活动中实际发生的研发费用，未形成无形资产计入当期损益的，在按规定据实扣除的基础上，再按照实际发生额的75%在税前加计扣除。 2. 2018年1月1日至2020年12月31日期间，企业开展研发活动中实际发生的研发费用，形成无形资产的，按照无形资产成本的175%在税前摊销。	会计核算健全、实行查账征收并能够准确归集研发费用的居民企业	1. 企业应按照财务会计制度要求，对研发支出进行会计处理；同时，对享受加计扣除的研发费用按研发项目设置辅助账，准确归集核算当年度可加计扣除的各项研发费用实际发生额。企业在一个纳税年度内进行多项研发活动的，应按照不同研发项目分别归集可加计扣除的研发费用。 2. 企业应对研发费用和生产经营费用分别核算，准确、合理归集各项费用支出，对划分不清的，不得实行加计扣除。 3. 企业委托外部机构或个人进行研发活动所发生的费用，按照费用实际发生额的80%计入委托方研发费用并计算加计扣除。无论委托方是否享受研发费用加计扣除政策，受托方均不得加计扣除。委托外部研究开发费用实际发生额应按照独立交易原则确定。委托方与受托方存在关联关系的，受托方应向委托方提供研发项目费用支出明细情况。	1.《中华人民共和国企业所得税法》第三十条（一）项 2.《中华人民共和国企业所得税法实施条例》第九十五条 3.《关于完善研究开发费用税前加计扣除政策的通知》（财税〔2015〕119号）

续表

纳税优惠政策	优惠内容	享受主体	享受条件	政策依据
			4. 企业共同合作开发的项目，由合作各方就自身实际承担的研发费用分别计算加计扣除。 5. 企业集团根据生产经营和科技开发的实际情况，对技术要求高、投资数额大、需要集中研发的项目，其实际发生的研发费用，可以按照权利和义务相一致、费用支出和收益分享相配比的原则，合理确定研发费用的分摊方法，在受益成员企业间进行分摊，由相关成员企业分别计算加计扣除。 6. 企业为获得创新性、创意性、突破性的产品进行创意设计活动而发生的相关费用，可按照规定进行税前加计扣除。	4.《关于企业研究开发费用税前加计扣除政策有关问题的公告》（国家税务总局公告 2015 年第 97 号） 5.《关于研发费用税前加计扣除归集范围有关问题的公告》（国家税务总局公告 2017 年第 40 号） 6.《关于提高研发费用税前加计扣除比例的通知》（财税〔2018〕99 号）

续表

纳税优惠政策	优惠内容	享受主体	享受条件	政策依据
（十八）软件企业取得即征即退增值税款用于软件产品研发和扩大再生产企业所得税政策	符合条件的软件企业按照《关于软件产品增值税政策的通知》（财税〔2011〕100号）规定取得的即征即退增值税款，由企业专项用于软件产品研发和扩大再生产并单独核算，可以作为不征税收入，在计算应纳税所得额时从收入总额中减除。	符合条件的软件企业	软件企业是指以软件产品开发销售（营业）为主营业务并同时符合下列条件的企业： 1. 在中国境内（不包括港、澳、台地区）依法注册的居民企业； 2. 汇算清缴年度具有劳动合同关系且具有大学专科以上学历的职工人数占企业月平均职工总人数的比例不低于40%，其中研究开发人员占企业月平均职工总人数的比例不低于20%； 3. 拥有核心关键技术，并以此为基础开展经营活动，且汇算清缴年度研究开发费用总额占企业销售（营业）收入总额的比例不低于6%，其中，企业在中国境内发生的研究开发费用金额占研究开发费用总额的比例不低于60%； 4. 汇算清缴年度软件产品开发销售（营业）收入占企业收入总额的比例不低于50%〔嵌入式软件产品和信息系统集成产品开发销售（营业）收入占企业收入总额的比例不低于40%〕，其中，软件产品自主开发销售（营业）收入占企业软件产品开发销售（营业）收入总额的比例不低于40%〔嵌入式	1.《关于软件产品增值税政策的通知》（财税〔2011〕100号） 2.《关于进一步鼓励软件产业和集成电路产业发展企业所得税政策的通知》（财税〔2012〕27号）第五条 3.《关于软件和集成电路产业企业所得税优惠政策有关问题的通知》（财税〔2016〕49号）

续表

纳税优惠政策	优惠内容	享受主体	享受条件	政策依据
(十九) 固定资产加速折旧或一次性扣除	1. 企业在2014年1月1日后新购进的专门用于研发的仪器、设备,单位价值不超过100万元的,允许一次性计入当期成本费用在计算应纳税所得额时扣除,不再分年度计算折旧;单位价值超过100万元的,可缩短折旧年限或采取加速折旧的方法。可缩短折旧年限的,最低折旧年限不得低于企业所得税法实施条例第六十条规定折旧年限的60%;采取加速折旧方法的,可采取双倍余额递减法或者年数总和法。	所有行业企业	1. 前述第一项优惠中仪器、设备要专门用于研发,且单位价值不超过100万元。2. 前述第二项优惠中固定资产单位价值不超过5 000元。	1.《关于完善固定资产加速折旧企业所得税政策的通知》(财税〔2014〕75号) 2.《关于固定资产加速折旧有关问题的公告》(国家税务总局公告2014年第64号)
			件产品和信息系统集成产品开发销售(营业)收入占企业收入总额的比例不低于30%]; 5. 主营业务拥有自主知识产权; 6. 具有与软件开发相适应的软硬件设施等开发环境(如合法的开发工具等); 7. 汇算清缴年度未发生重大安全、重大质量事故或严重环境违法行为。	

续表

纳税优惠政策	享受主体	享受条件	政策依据
2. 企业持有的单位价值不超过5 000元的固定资产，可以一次性在计算应纳税所得额时扣除。企业在2013年12月31日前持有的单位价值不超过5 000元的固定资产，2014年1月1日以后可以一次性在计算应纳税所得额时扣除。 3. 企业在2018年1月1日至2020年12月31日期间新购进的设备、器具，单位价值不超过500万元的，允许一次性计入当期成本费用在计算应纳税所得额时扣除，不再分年度计算折旧；单位价值超过500万元的，仍按《企业所得税法实施条例》《关于完善固定资产加速折旧企业所得税政策的通知》（财税〔2014〕75号）、《关于进一步完善固定资产加速折旧企业所得税政策的通知》（财税〔2015〕106号）等相关规定执行。		3. 前述第三项优惠中设备、器具是指除房屋、建筑物以外的固定资产，且单位价值不超过500万元。	3.《关于设备器具扣除有关企业所得税政策的通知》（财税〔2018〕54号）

续表

纳税优惠政策	优惠内容	享受主体	享受条件	政策依据
（二十）制造业及部分服务业企业符合条件的设备、仪器加速折旧	1. 对生物药品制造业，专用设备制造业，铁路、船舶、航空航天和其他运输设备制造业，计算机、通信和其他电子设备制造业，仪器仪表制造业，信息传输、软件和信息技术服务业等6个行业企业2014年1月1日后新购进的固定资产，可缩短折旧年限或采取加速折旧的方法。 2. 轻工、纺织、机械、汽车等四个领域重点行业的企业2015年1月1日后新购进的固定资产，可由企业选择缩短折旧年限或采取加速折旧的方法。 3. 自2019年1月1日起，适用《关于完善固定资产加速折旧企业所得税政策的通知》（财税〔2014〕75号）和《关于进一步完善固定资产加速折旧企业所得税政策的通知》（财税〔2015〕106号）规定固定资产加速折旧优惠的行业范围，扩大至全部制造业领域。	全部制造业领域及信息传输、软件和信息技术服务业企业	制造业及软件和信息技术服务业按照国家统计局《国民经济行业分类》（GB/T 4754—2017）确定。今后国家有关部门更新国民经济行业分类与代码，从其规定。	1.《关于完善固定资产加速折旧企业所得税政策的通知》（财税〔2014〕75号） 2.《关于固定资产加速折旧有关问题的公告》2014年第64号 3.《关于进一步完善固定资产加速折旧企业所得税政策的通知》（财税〔2015〕106号） 4.《关于进一步完善固定资产加速折旧企业所得税政策有关问题的公告》2015年第68号

续表

纳税优惠政策	优惠内容	享受主体	享受条件	政策依据
	4. 缩短折旧年限的,最低折旧年限不得低于企业所得税法实施条例第六十条规定的折旧年限的60%;采取加速折旧方法的,可采取双倍余额递减法或者年数总和法。			5.《关于扩大固定资产加速折旧优惠政策适用范围的公告》(财政部税务总局公告2019年第66号)
(二十一)制造业及部分服务业小型微利企业符合条件的仪器、设备加速折旧	1. 对生物药品制造业,专用设备制造业,铁路、船舶、航空航天和其他运输设备制造业,计算机、通信和其他电子设备制造业,仪器仪表制造业,信息传输、软件和信息技术服务业等6个行业小型微利企业2014年1月1日后新购进的研发和生产经营共用的仪器、设备,单位价值超过100万元的,可缩短折旧年限或采取加速折旧的方法。	全部制造业、专用设备制造业、航空、铁路、航空船舶、航天制造业、通信、软件领域、信息传输和信息技术服务业的小型微利企业	小型微利企业为《关于实施小微企业普惠性税收减免政策的通知》(财税[2019]13号)规定的小型微利企业。	1.《关于完善固定资产加速折旧企业所得税政策的通知》(财税[2014]75号) 2.《关于固定资产有关政策问题的公告》(国家税务总局公告2014年第64号)

续表

纳税优惠政策	优惠内容	享受主体	享受条件	政策依据
	2. 对轻工、纺织、机械、汽车等四个领域重点行业的小型微利企业2015年1月1日后新购进的研发和生产经营共用的仪器、设备，单位价值超过100万元的，可由企业选择缩短折旧年限或采取加速折旧的方法。 3. 自2019年1月1日起，适用《关于完善固定资产加速折旧企业所得税政策的通知》（财税〔2014〕75号）和《关于进一步完善固定资产加速折旧企业所得税政策的通知》（财税〔2015〕106号）规定固定资产加速折旧优惠的行业范围，扩大至全部制造业领域。			3.《关于进一步完善固定资产加速折旧企业所得税政策的通知》（财税〔2015〕106号） 4.《关于进一步完善固定资产加速折旧企业所得税政策有关问题的公告》（国家税务总局公告2015年第68号） 5.《关于实施小微企业普惠性税收减免政策的通知》（财税〔2019〕13号） 6.《关于扩大固定资产加速折旧优惠政策适用范围的公告》（财政部税务总局公告2019年第66号）
（二十二）企业外购软件缩短折旧或摊销年限	企业外购的软件，凡符合固定资产或无形资产确认条件的，可以按照固定资产或无形资产进行核算，其折旧或摊销年限可以适当缩短，最短可为2年（含）。	企业纳税人	符合固定资产或无形资产确认条件。	《关于进一步鼓励软件产业和集成电路产业发展企业所得税政策的通知》（财税〔2012〕27号）第七条

续表

纳税优惠政策	优惠内容	享受主体	享受条件	政策依据
(二十三)重大技术装备进口免征增值税	符合规定条件的国内企业为生产《国家支持发展的重大技术装备和产品目录》所列装备或产品而确有必要进口的部分关键零部件、原材料商品,免征关税和进口环节增值税。	申请享受政策的企业应为从事开发、生产国家支持发展的重大技术装备或产品的制造企业(对于城市轨道交通、核电等领域承担重大技术装备项目以及开发自用生产设备的企业,可申请享受该政策)	1. 独立法人资格。 2. 具有较强的设计研发和生产制造能力。 3. 具备专业比较齐全的技术人员队伍。 4. 具有核心技术和自主知识产权。 5. 申请享受政策的重大技术装备和产品应符合《国家支持发展的重大技术装备和产品目录》有关要求。	《关于调整重大技术装备进口税收政策有关目录的通知》(财关税〔2018〕42号)

第一部分　企业纳税管理分析报告指引

续表

纳税优惠政策	优惠内容	享受主体	享受条件	政策依据
（二十四）科学研究机构、技术开发机构、学校等单位进口免征增值税、消费税	自2016年1月1日至2020年12月31日，对科学研究机构、技术开发机构、学校等单位进口国内不能生产或者性能不能满足需要的科学研究、科技开发和教学用品，免征进口关税和进口环节增值税、消费税；对出版物进口单位为科研、教学等用于科研、教学的图书、资料等，免征进口环节增值税。	1. 国务院部委、直属机构和省、自治区、直辖市、计划单列市所属从事科学研究工作的各类科学研究院所。 2. 国家承认学历的实施专科及以上高等学历教育的高等学校。 3. 国家发展改革委同国家税务总局、海关总署核定的国家工程研究中心；国家发展改革委同财政部、海关总署、国家税务总局核定的企业技术中心。 4. 科技部会同财政部、海关总署和国家税务总局核定的：（1）中转制中转化为企业和进入企业的主要从事科学研究和技术开发工作的机构；（2）国家重点实验室；（3）国家工程技术研究中心。	1. 科学研究机构、技术开发机构和出版物进口单位等是指：（1）国务院部委、直属机构和省、自治区、直辖市、计划单列市所属从事科学研究工作的各类科学研究院所。（2）国家承认学历的实施专科及以上高等学历教育的高等学校。（3）国家发展改革委同国家税务总局、海关总署核定的国家工程研究中心；国家发展改革委同财政部、海关总署、国家税务总局核定的企业技术中心。（4）科技部会同财政部、海关总署和国家税务总局核定的：①体制改革中转制为企业和进入企业的主要从事科学研究和技术开发工作的机构；②国家重点实验室；③国家工程技术研究中心。	1.《关于"十三五"期间支持科技创新进口税收政策的通知》（财关税〔2016〕70号）

续表

优惠政策	优惠内容	享受主体	享受条件	政策依据
纳税优惠政策		5. 科技部会同民政部核定或者各省、自治区、直辖市、计划单列市及新疆生产建设兵团科技部门会同同级民政部门核定的民办非企业单位。 6. 工业和信息化部会同财政部、海关总署、国家税务总局核定的国家中小企业公共服务示范平台（技术类）。 7. 各省、自治区、直辖市、计划单列市及新疆生产建设兵团商务主管部门会同同级财政、国税和外资核定中心所在地直属海关核定的外资研发中心。	(5) 科技部会同民政部核定或者各省、自治区、直辖市、计划单列市及新疆生产建设兵团科技部门会同同级民政部门核定的民办非企业单位。 (6) 工业和信息化部会同财政部、海关总署、国家税务总局核定的国家中小企业公共服务示范平台（技术类）。 (7) 各省、自治区、直辖市、计划单列市及新疆生产建设兵团商务主管部门会同同级财政、国税和外资核定中心所在地直属海关核定的外资研发中心。 (8) 国家新闻出版广电总局批准的下列具有出版物进口许可的出版单位：中国图书进出口（集团）总公司及其具有独立法人资格的子公司、	2.《关于支持科技创新进口税收政策管理办法的通知》（附关税〔2016〕71号）

第一部分　企业纳税管理分析报告指引

续表

优惠政策	优惠内容	享受主体	享受条件	政策依据
纳税优惠政策		8. 国家新闻出版广电总局批准的下列的出版物进口单位：中国图书进出口（集团）总公司及其具有独立法人资格的子公司，中国经济图书进出口公司，中国教育图书进出口有限责任公司，北京中科进出口贸易有限公司，中国国际图书贸易集团有限公司。9. 财政部会同有关部门核定的其他科学研究机构、技术开发机构、学校。	中国经济图书进出口公司，中国教育图书进出口有限责任公司，北京中科进出口贸易有限公司，中国国际图书贸易集团有限公司。(9) 财政部会同有关部门核定的其他科学研究机构、技术开发机构、学校。2. 科学研究机构、技术开发机构、学校等单位进口的国内不能生产或者性能不能满足需要的科学研究、科技开发和教学用品（含出版物进口单位为科研院所、学校进口用于科研、教学的图书、资料等），列入了财政部会同海关总署、国家税务总局制定并发布的《进口科学研究、科技开发和教学用品免税清单》。	3.《关于公布进口科学研究、科技开发和教学用品免税清单的通知》（财关税〔2016〕72号）

续表

纳税优惠政策	优惠内容	享受主体	享受条件	政策依据
(二十五)民口科技重大专项项目进口免征增值税	自2010年7月15日起，对项目承担单位使用中央财政拨款、地方财政资金以及其他通过渠道获得的自筹资金购买国内不能生产（含软件工具及生产的关键设备（含软件工具及生产技术）、零部件、原材料，免征进口关税和进口环节增值税。	承担《国家中长期科学和技术发展规划纲要（2006—2020年）》中民口科技重大专项项目（课题）的企业和大专院校、科研院所等事业单位	1. 申请享受本规定进口税收政策的项目承担单位应当具备以下条件： （1）独立的法人资格； （2）经科技重大专项领导小组批准承担重大专项任务。 2. 项目承担单位申请免税进口的设备、零部件、原材料应当符合以下要求： （1）直接用于项目（课题）的科学研究、技术开发和应用，且进口数量在合理范围内； （2）国内不能生产或者国产品性能不能满足要求的，且价值较高； （3）申请免税进口当前实施的《国内投资项目不予免税的进口商品目录》所列设备，一般应优于《国内投资项目不予免税的进口商品目录》所列设备。 3. 民口科技重大专项，包括核心电子器件、高端通用芯片及基础软件产品、极大规模集成电路制造装备及成套工艺、新一代宽带无线移动通信网、高档数控机床与基础制造装备、大型油气田及煤层气开发、大型先进压水堆及高温气冷堆核电站、水体污染控制与治理、转基因生物新品种培育、重大新药创制、艾滋病和病毒性肝炎等重大传染病防治。	《关于科技重大专项进口税收政策的通知》（财关税[2010]28号）

续表

纳税优惠政策	优惠内容	享受主体	享受条件	政策依据
(二十六)技术转让、技术开发和与之相关的技术咨询、技术服务免征增值税	纳税人提供技术转让、技术开发和与之相关的技术咨询、技术服务免征增值税。	提供技术转让、技术开发和与之相关的技术咨询、技术服务的纳税人	1. 技术转让、技术开发，是指《销售服务、无形资产、不动产注释》中"转让技术""研发服务"范围内的业务活动。技术咨询，是指就特定技术项目提供可行性论证、技术预测、专题技术调查、分析评价报告等业务活动。 2. 与技术转让、技术开发相关的技术咨询、技术服务，是指技术转让方（或者受托方）根据技术转让或者开发合同的规定，为帮助受让方（或者委托方）掌握所转让（或者委托开发）的技术，而提供的技术咨询、技术服务业务，且这部分技术咨询、技术服务的价款与技术转让或技术开发的价款应当在同一张发票上开具。 3. 试点纳税人申请免征增值税时，须持技术转让、开发的书面合同，到纳税人所在地省级科技主管部门进行认定，并持有关的书面合同和科技主管部门审核意见证明文件报主管税务机关备查。	《关于全面推开营业税改征增值税试点的通知》（财税〔2016〕36号）附件3《营业税改征增值税试点过渡政策的规定》第一条第（二十六）项

续表

纳税优惠政策	优惠内容	享受主体	享受条件	政策依据
(二十七)技术转让所得减免征企业所得税	一个纳税年度内,居民企业技术转让所得不超过500万元的部分,免征企业所得税;超过500万元的部分,减半征收企业所得税。	技术转让的居民企业	1. 享受优惠的技术转让主体是企业所得税法规定的居民企业。 2. 技术转让的范围,包括专利技术、计算机软件著作权、集成电路布图设计专有权、植物新品种、生物医药新品种,以及财政部和国家税务总局确定的其他技术。其中,专利技术是指法律授予独占权的发明、实用新型以及非简单改变产品图案和形状的外观设计。 3. 技术转让,是指居民企业转让其拥有5年以上(含5年)全球独占许可使用权。自2015年10月1日起,全国范围内居民企业转让5年以上非独占许可使用权取得的技术转让所得,纳入享受企业所得税优惠的技术转让所得范围。	1.《中华人民共和国企业所得税法》第二十七条(四)项 2.《中华人民共和国企业所得税法实施条例》第九十条 3.《关于居民企业技术转让有关企业所得税政策问题的通知》(财税〔2010〕111号)

续表

纳税优惠政策	优惠内容	享受主体	享受条件	政策依据
			企业转让符合条件的5年以上非独占许可使用权的技术。技术所有权属由国务院行政主管部门确定。其中,专利由国家知识产权局确定权属;计算机软件版权由国家版权局确定权属;集成电路布图设计专有权由国家知识产权局确定权属;植物新品种权由农业部确定权属;生物医药新品种由国家食品药品监督管理总局确定权属。 4. 技术转让应签订技术转让合同。其中,境内技术转让须经省级(含省级)科技部门认定省级以上(含省级)转让须经省级(含省级)商务部门认定,涉及财政经费支持产生技术的转让,需省级以上(含省级)科技部门审批。	4.《关于将国家自主创新示范区有关税收试点政策推广到全国范围实施的通知》(财税〔2015〕116号)第二条 5.《关于技术转让所得有关问题的公告》(国家税务总局公告2013年第62号) 6.《关于许可使用权技术转让所得企业所得税有关问题的公告》(国家税务总局公告2015年第82号)

续表

纳税优惠政策	优惠内容	享受主体	享受条件	政策依据
(二十八) 重点群体创业就业税收扣减	2019年1月1日至2021年12月31日，从事个体经营的，自办理个体工商户登记当月起，在3年（36个月，下同）内按每户每年12 000元为限额依次扣减其当年实际应缴纳的增值税、城市维护建设税、教育费附加、地方教育附加和个人所得税。限额标准最高可上浮20%，各省、自治区、直辖市人民政府可根据本地区实际情况在此幅度内确定具体限额标准。 纳税人年度应缴纳税款小于上述扣减限额的，减免税款以其实际缴纳的税款为限；大于上述扣减限额的，以上述扣减限额为限。	1. 纳入全国扶贫开发信息系统的建档立卡贫困人口 2. 在人力资源社会保障部门公共就业服务机构登记失业半年以上的人员 3. 零就业家庭、城市居民最低生活保障家庭劳动年龄内登记失业人员	1. 从事个体经营； 2. 建档立卡贫困人口，持《就业创业证》（注明"自主创业税收政策"）或《就业失业登记证》（注明"自主创业税收政策"）或《毕业年度内自主创业证》（注明"自主创业税收政策"）的人员。	1.《关于进一步支持和促进重点群体创业就业有关税收政策的通知》（财税〔2019〕22号）第一条、第五条 2.《关于实施支持和促进重点群体创业就业有关税收政策具体操作问题的公告》（国家税务总局公告2019年第10号）

续表

纳税优惠政策	优惠内容	享受主体	享受条件	政策依据
	纳税人在2021年12月31日享受税收优惠政策未满3年的，可继续享受至3年期满为止。以前年度已享受税收优惠政策的，不得再享受财税〔2019〕22号文件规定的享受重点群体就业税收优惠政策；以前年度享受重点群体就业税收优惠政策未满3年且符合财税〔2019〕22号文件规定条件的，可按财税〔2019〕22号文件规定享受优惠至3年期满。	4. 毕业年度内高校毕业生，高校毕业生是指实施高等学历教育的普通高等学校、成人高等学校应届毕业的学生；毕业年度是指毕业当年的自然年，即1月1日至12月31日		
(二十九) 吸纳重点群体就业税收扣减	2019年1月1日至2021年12月31日，招用建档立卡贫困人口，以及在人力资源社会保障部门公共就业服务机构登记失业半年以上且持《就业创业证》（注明"企业吸纳税收政策"）或《就业失业登记证》（注明"企业吸纳税收政策"）	属于增值税纳税人或企业所得税纳税人的企业等单位	与招用建档立卡贫困人口，以及在人力资源社会保障部门公共就业服务机构登记失业半年以上且持《就业创业证》（注明"企业吸纳税收政策"）或《就业失业登记证》（注明"企业吸纳税收政策"）的人员签订1年以上期限劳动合同并依法缴纳社会保险费。	1.《关于进一步支持和促进重点群体创业就业有关税收政策的通知》（财税〔2019〕22号）第二条、第五条

续表

纳税优惠政策	优惠内容	享受主体	享受条件	政策依据
	的人员,与其签订1年以上期限劳动合同并依法缴纳社会保险费的,自签订劳动合同并缴纳社会保险当月起,在3年内按实际招用人数予以定额依次扣减增值税、城市维护建设税、教育费附加、地方教育附加和企业所得税优惠。定额标准为每人每年6 000元,最高可上浮30%,各省、自治区、直辖市人民政府可根据本地区实际情况在此幅度内确定具体定额标准。城市维护建设税、教育费附加、地方教育附加依据是享受本项税收优惠政策的增值税应纳税额确定。 按上述标准计算的税收扣减应在企业当年实际缴纳的增值税、城市维护建设税、教育费附加、地方教育附加和企业所得税税额中扣减,当年扣减不完的,不得结转下年使用。 纳税人在2021年12月31日享受税收优惠政策未满3年的,可继续享受至3年期满为止。			2.《关于实施支持和促进重点群体创业就业有关税收政策具体操作问题的公告》(国家税务总局公告2019年第10号)

续表

纳税优惠政策	优惠内容	享受主体	享受条件	政策依据
(三十) 退役士兵创业税收扣减	2019年1月1日至2021年12月31日,自主就业退役士兵从事个体经营的,自办理个体工商户登记当月起,在3年(36个月,下同)内按每户每年12 000元限额依次扣减其当年实际应缴纳的增值税、城市维护建设税、教育费附加、地方教育附加和个人所得税。限额标准最高可上浮20%,各省、自治区、直辖市人民政府可根据本地区实际情况在此幅度内确定具体限额标准。城市维护建设税、教育费附加、地方教育附加的计税依据是享受本项税收优惠政策前的增值税应纳税额。	自主就业的退役士兵	1. 从事个体经营; 2. 自主就业退役士兵是指依照《退役士兵安置条例》(国务院中央军委令第608号)的规定退出现役并按自主就业方式安置的退役士兵。	《关于进一步扶持自主就业退役士兵创业就业有关税收政策的通知》(财税〔2019〕21号)第一条、第三条、第六条

续表

纳税优惠政策	优惠内容	享受主体	享受条件	政策依据
	纳税人年度应缴纳税款小于上述扣减限额的,减免税额以其实际缴纳税额的,减免税额以其实际缴纳税额的的,减免税额以其实际缴纳税额的,减免税额的。纳税人实际经营期不足1年的,应当按月换算其减免税限额。换算公式为:减免税限额=年度减免税限额÷12×实际经营月数。纳税人在2021年12月31日享受税收优惠政策未满3年的,可继续享受至3年期满为止。退役士兵创业就业已享受政策满3年的,不得再享受财税[2019]21号文件规定的税收优惠政策;以前年度享受退役士兵创业就业税收优惠政策未满3年且符合财税[2019]21号文件规定条件的,可按财税[2019]21号文件规定享受优惠至3年期满。			

续表

纳税优惠政策	优惠内容	享受主体	享受条件	政策依据
(三十一) 吸纳退役士兵就业企业税收扣减	2019年1月1日至2021年12月31日，招用自主就业退役士兵，与其签订1年以上期限劳动合同并依法缴纳社会保险费的，自签订劳动合同并缴纳社会保险当月起，在3年内按实际招用人数予以定额依次扣减增值税、城市维护建设税、教育费附加、地方教育附加和企业所得税优惠。定额标准为每人每年6 000元，最高可上浮50%，各省、自治区、直辖市人民政府可根据本地区实际情况在此幅度内确定具体定额标准。城市维护建设税、教育费附加、地方教育附加的计税依据是依法实际缴纳的增值税额。享受本项税收优惠政策的增值税纳税人，其纳税年度的应纳税额小于核算减免税总额的，以实际缴纳的增值税、城市维护建设税、教育费附加和地方教育附加税额为限；纳税年度终了，如果企业实际减免的增值税、城市维护建设税、教育费附加和地方教育附加小于核算减免税总额的，以实际减免的增值税、城市维护建设税、教育费附加和地方教育附加为限。	属于增值税纳税人或企业所得税纳税人的企业等单位	与招用自主就业退役士兵签订1年以上期限劳动合同并依法缴纳社会保险费的。	《关于进一步扶持自主就业退役士兵创业就业有关税收政策的通知》(财税〔2019〕21号) 第二条、第五条、第六条

续表

纳税优惠政策	优惠内容	享受主体	享受条件	政策依据
	际应缴纳的增值税、城市维护建设税、教育费附加和地方教育附加为限;实际缴纳的增值税、城市维护建设税、教育费附加和地方教育附加小于核算减免税总额的,以核算年度实际缴纳的增值税、城市维护建设税、教育费附加和地方教育附加小于企业所得税汇算清缴时以差额部分扣减,当年结转以后年度扣减。自主就业退役士兵在企业工作不满1年的,应当按月换算减免税限额。计算公式为:企业所得税年度减免税总额=∑每名自主就业退役士兵在本年度在本单位工作月份÷12×具体定额标准。在2021年12月31日享受税收优惠政策未满3年的,可继续享受至3年期满为止。			

第一部分 企业纳税管理分析报告指引 053

续表

纳税优惠政策	优惠内容	享受主体	享受条件	政策依据
（三十二）随军家属创业免征增值税	自办理税务登记事项之日起，其提供的应税服务3年内免征增值税。	从事个体经营的随军家属	1. 必须持有师以上政治机关出具的可以表明其身份的证明。 2. 每一名随军家属可以享受一次免税政策。	《关于全面推开营业税改征增值税试点的通知》（财税〔2016〕36号）附件3《营业税改征增值税试点过渡政策的规定》第一条第（三十九）项
（三十三）随军家属从事个体经营免征个人所得税	随军家属从事个体经营，自领取税务登记证之日起，3年内免征个人所得税。	从事个体经营的随军家属	1. 随军家属从事个体经营，须有师以上政治机关出具的其身份证明。 2. 每一名随军家属只能按上述规定，享受一次免税政策。	《关于随军家属就业有关税收政策的通知》（财税〔2000〕84号）第二条
（三十四）安置随军家属就业的企业免征增值税	为安置随军家属就业而新开办的企业，自领取税务登记证之日起，其提供的应税服务3年内免征增值税。	为安置随军家属就业而新开办的企业	安置的随军家属必须占企业总人数的60%（含）以上，并有师（含）以上政治和后勤机关出具的证明。	《关于全面推开营业税改征增值税试点的通知》（财税〔2016〕36号）附件3《营业税改征增值税试点过渡政策的规定》第一条第（三十九）项
（三十五）军队转业干部创业免征增值税	自领取税务登记证之日起，其提供的应税服务3年内免征增值税。	从事个体经营的军队转业干部	自主择业的军队转业干部必须持有师以上部队颁发的转业证件。	《关于全面推开营业税改征增值税试点的通知》（财税〔2016〕36号）附件3《营业税改征增值税试点过渡政策的规定》第一条第（四十）项

续表

纳税优惠政策	优惠内容	享受主体	享受条件	政策依据
（三十六）自主择业的军队转业干部免征个人所得税	自主择业的军队转业干部从事个体经营，自领取税务登记证之日起，3年内免征个人所得税。	从事个体经营的自主择业的军队转业干部	自主择业的军队转业干部必须持有师以上部队颁发的转业证件。	《关于自主择业的军队转业干部有关税收政策问题的通知》（财税〔2003〕26号）第一条
（三十七）安置自主择业的军队转业干部就业企业免征增值税	为安置自主择业的军队转业干部而新办的企业，自领取税务登记证之日起，其提供的应税服务3年内免征增值税。	为安置自主择业的军队转业干部就业而新办的企业	1. 安置的自主择业军队转业干部占企业总人数60%（含）以上； 2. 军队转业干部必须持有师以上部队颁发的转业证件。	《关于全面推开营业税改征增值税试点的通知》（财税〔2016〕36号）附件3《营业税改征增值税试点过渡政策的规定》第一条第（四十）项
（三十八）残疾人创业免征增值税	残疾人个人提供的加工、修理修配劳务，为社会提供的应税服务，免征增值税。	残疾人个人	残疾人，是指在法定劳动年龄内，持有《中华人民共和国残疾人证》或者《中华人民共和国残疾军人证（1至8级）》的自然人，包括具有劳动条件和劳动意愿的精神残疾人。	1.《关于全面推开营业税改征增值税试点的通知》（财税〔2016〕36号）附件3《营业税改征增值税试点过渡政策的规定》第一条第（六）项 2.《关于促进残疾人就业增值税优惠政策的通知》（财税〔2016〕52号）第八条 3.《关于发布〈促进残疾人就业增值税优惠政策管理办法〉的公告》（国家税务总局公告2016年第33号发布，2018年第31号修改）

续表

纳税优惠政策	优惠内容	享受主体	享受条件	政策依据
（三十九）安置残疾人就业的单位和个体工商户增值税即征即退	对安置残疾人的单位和个体工商户（以下称纳税人），实行由税务机关按纳税人安置残疾人的人数，限额即征即退增值税的办法。每月可退还的增值税具体限额，由县级以上税务机关根据纳税人所在区县（含县级市、旗）适用的经省（含自治区、直辖市、计划单列市）人民政府批准的月最低工资标准的4倍确定。一个纳税期已交增值税不足退还的，可在本纳税年度内以前纳税期已交增值税扣除已退还增值税的余额中退还，仍不足退还的可结转本纳税年度内以后纳税期退还，但不得结转以后年度退还。纳税期限不为按月的，只能对其符合条件的月份退还增值税。	安置残疾人的单位和个体工商户	1. 纳税人（除盲人按摩机构外）月安置的残疾人占在职职工人数的比例不低于25%（含25%），并且安置的残疾人数不少于10人（含10人）；盲人按摩机构月安置的残疾人占在职职工人数的比例不低于25%（含25%），并且安置的残疾人数不少于5人（含5人）。 2. 依法与安置的每位残疾人签订了一年以上（含一年）的劳动合同或服务协议。 3. 为安置的每位残疾人按月足额缴纳了基本养老保险、基本医疗保险、失业保险、工伤保险和生育保险等社会保险。 4. 通过银行等金融机构向安置的每位残疾人，按月支付了不低于纳税人所在区县适用的经省人民政府批准的月最低工资标准的工资。 5. 纳税人纳税信用等级为税务机关评定的C级或D级的，不得享受此项税收优惠政策。	1.《关于促进残疾人就业增值税优惠政策的通知》（财税〔2016〕52号） 2.《关于发布〈促进残疾人就业增值税优惠政策管理办法〉的公告》（国家税务总局公告2016年第33号，2018年第31号修改）

续表

纳税优惠政策	优惠内容	享受主体	享受条件	政策依据
			6. 如果既适用促进残疾人就业增值税优惠政策，又适用重点群体、退役士兵、随军家属、军转干部等支持就业的增值税优惠政策，纳税人可自行选择适用的优惠政策，但不能累加执行。一经选定，36个月内不得变更。	
			7. 此项税收优惠政策仅适用于生产销售货物，提供加工、修理修配劳务，以及提供营改增现代服务和生活服务取得的服务收入，但其增值税服务收入（不含文化体育服务和娱乐服务）占其增值税销售额（包括销售货物，提供加工、修理修配劳务，以及营改增现代服务和生活服务）以及销售委托加工的货物收入的比例达到50%的纳税人，但不适用于上述纳税人直接销售外购货物（包括商品批发和零售）以及销售委托加工的货物取得的收入。纳税人应当分别核算上述享受税收优惠政策和不得享受税收优惠政策的销售额，不能分别核算的，不得享受此项优惠政策。	

续表

纳税优惠政策	优惠内容	享受主体	享受条件	政策依据
(四十)特殊教育学校举办的企业安置残疾人就业增值税即征即退	对安置残疾人的特殊教育学校举办的企业，实行由税务机关按月安置残疾人人数，限额即征即退增值税。安置的每位残疾人每月可退还的增值税具体限额，由县级以上税务机关根据纳税人所在区县（含县级市、旗，含自治县、不含计划单列市）适用的经省（含自治区、直辖市、计划单列市）人民政府批准的月最低工资标准的4倍确定。在计算残疾人人数时可将在企业上岗工作的特殊教育学校的全日制在校学生计算在内，在计算企业在职职工人数时也要将上述学生计算在内。	特殊教育学校举办的企业，特殊教育学校主要为在校学生提供实习场所、并由学校出资自办、由学校负责经营管理、经营收入全部归学校所有的企业	1. 纳税人（除盲人按摩机构外）月安置的残疾人占在职职工人数的比例不低于25%（含25%），并且安置的残疾人人数不少于10人（含10人）。 2. 纳税人纳税信用等级为税务机关评定的C级或D级的，不得享受此项税收优惠政策。 3. 如果既适用促进残疾人就业增值税优惠政策，又适用重点群体、退役士兵、随军家属、军转干部等支持就业的增值税优惠政策，纳税人可自行选择适用的优惠政策，但不能累加执行。一经选定，36个月内不得变更。 4. 此项税收优惠政策仅适用于生产销售货物，提供加工、修理修配劳务，以及提供现代服务和生活服务（不含文化体育服务和娱乐服务）范围的服务取得的收入之和，占其增值税收入的比例达到50%的纳税人，但不适用于上述纳税人直接销售外购货物（包括商品批发和零售）以及销售委托加工的货物取得的收入。纳税人应当分别核算上述享受税收优惠政策和不得享受税收优惠政策业务的销售额，不能分别核算的，不得享受此项优惠政策。	1.《关于促进残疾人就业增值税优惠政策的通知》（财税[2016]52号）第三条 2.《关于发布〈促进残疾人就业增值税优惠政策管理办法〉的公告》（国家税务总局公告2016年第33号，2018年第31号修改）

续表

纳税优惠政策	优惠内容	享受主体	享受条件	政策依据
（四十一）残疾人就业减征个人所得税	对残疾人个人取得的劳动所得，按照省（不含计划单列市）人民政府规定的减征幅度和期限减征个人所得税。	就业的残疾人	1."残疾人"是指持有《中华人民共和国残疾人证》上注明属于视力残疾、听力残疾、言语残疾、肢体残疾、智力残疾和精神残疾的人员和持有《中华人民共和国残疾军人证（1至8级）》的人员。 2.对残疾人个人取得的劳动所得，按照省（不含计划单列市）人民政府规定的减征幅度和期限减征个人所得税。	《关于促进残疾人就业税收优惠政策的通知》（财税〔2007〕92号）
（四十二）安置残疾人就业的企业残疾人工资加计扣除	企业安置残疾人员的，在按照支付给残疾人职工工资的基础上，可以在计算应纳税所得额时按照支付给残疾人职工工资的100%加计扣除。	安置残疾人就业的企业	1.依法与安置的每位残疾人签订了1年以上（含1年）的劳动合同或服务协议，并且安置的每位残疾人在企业实际上岗工作。 2.为安置的每位残疾人按月足额缴纳了企业所在区县人民政府根据国家政策规定的基本养老保险、基本医疗保险、失业保险和工伤保险等社会保险。 3.定期通过银行等金融机构向安置的每位残疾人实际支付了不低于企业所在区县适用的经省级人民政府批准的最低工资标准的工资。 4.具备安置残疾人上岗工作的基本设施。	1.《中华人民共和国企业所得税法》第三十条第（二）项 2.《中华人民共和国企业所得税法实施条例》第九十六条第一款 3.《关于安置残疾人员就业有关企业所得税优惠政策问题的通知》（财税〔2009〕70号）

续表

纳税优惠政策	优惠内容	享受主体	享受条件	政策依据
(四十三)安置残疾人就业单位减免城镇土地使用税	对在一个纳税年度内月平均实际安置残疾人占单位在职职工总数的比例高于25%(含25%)且实际安置残疾人人数高于10人(含10人)的单位,可减征或免征该年度城镇土地使用税。具体减免税比例及管理办法由省、自治区、直辖市财税主管部门确定。	安置残疾人就业的单位	在一个纳税年度内月平均实际安置残疾人占单位在职职工总数的比例高于25%(含25%)且实际安置残疾人人数高于10人(含10人)的单位。	《关于安置残疾人就业等税收政策的通知》(财税[2010]121号)第一条
(四十四)长期来华定居专家进口自用汽车免征车辆购置税	长期来华定居专家进口1辆自用小汽车,免征车辆购置税。	长期来华定居专家	除了按《中华人民共和国车辆购置税法》规定提供申报资料外,还应当提供国家外国专家局或者其授权单位《外国专家证》或者其授权单位核发的A类和B类《外国人工作许可证》,具体指:国家外国专家局或者其授权单位核发的,在2017年3月31日以前,核发或者其授权单位,或者在青岛等试点地区核发的相关证件;在2017年4月1日以后,国家外国专家局或者其授权单位核发的A类和B类《外国人工作许可证》。	1.《关于防汛专用车等车辆免征车辆购置税的通知》(财税[2001]39号)第三条 2.《关于车辆购置税征收管理有关事项的公告》(国家税务总局公告2019年第26号)第六条第(五)项 3.《关于长期来华定居专家免征车辆购置税有关问题的公告》(国家税务总局公告2018年第2号)

续表

纳税优惠政策	优惠内容	享受主体	享受条件	政策依据
(四十五) 回国服务的在外留学人员购买自用国产小汽车免征车辆购置税	回国服务的在外留学人员用现汇购买1辆自用国产小汽车，免征车辆购置税。	回国服务的在外留学人员	1. 回国服务的在外留学人员购买自用国产小汽车办理免税申报资料外，还应当提供学习期满留学人员（中央人民政府驻香港、中央人民政府驻澳门联络办公室、中央人民政府驻香港特别行政区联络办公室，出具的留学证明；本人护照；海关核发的《海关回国人员购买免税国产汽车准购单》。 2. 所称小汽车，是指含驾驶员座位9座以内，在设计和技术特性上主要用于载运客及其随身行李或者临时物品的乘用车。	1.《关于防汛专用车等车辆免征车辆购置税的通知》（财税〔2001〕39号）第二条 2.《关于车辆购置税征收管理有关问题的补充公告》（国家税务总局公告2016年第52号）第六条 3.《关于车辆购置税征收管理有关事项的公告》（国家税务总局公告2019年第26号）第六条第（四）项
(四十六) 创业投资企业投资未上市的中小高新技术企业按比例抵扣应纳税所得额	自2018年1月1日起，创业投资企业采取股权投资方式投资于未上市的中小高新技术企业2年（24个月）以上的，可以按照其对中小高新技术企业投资额的70%抵扣该创业投资企业的应纳税所得额；当年不足抵扣的，可以在以后纳税年度结转抵扣。	创业投资企业	1. 创业投资企业采取股权投资方式投资于未上市的中小高新技术企业2年（24个月）以上。	

续表

优惠政策	优惠内容	享受主体	享受条件	政策依据
			2. 创业投资企业是指依照《创业投资企业管理暂行办法》（国家发展和改革委员会令第10部委2005年第39号，以下简称《暂行办法》）和《外商投资创业投资企业管理规定》（商务部等5部委令2003年第2号）在中华人民共和国境内设立的专门从事创业投资活动的企业或其他经济组织。 3. 经营范围符合《暂行办法》规定，"创业投资股份有限公司""创业投资有限责任公司"等专业性法人创业投资企业。 4. 按照《暂行办法》规定的条件和程序完成备案，经备案管理部门年度检查核实，投资运作符合《暂行办法》的有关规定。 5. 创业投资企业投资的中小高新技术企业，按照科技部、财政部、国家税务总局《关于印发〈高新技术企业认定管理办法〉的通知》（国科发火〔2008〕172号）和《关于印发〈高新技术企业认定管理工作指引〉的通知》（国科发火〔2008〕362号）的规定，通过高新技术企业认定以外，还应符合职工人数不超过500人，年销售（营业）额不超过2亿元，资产总额不超过2亿元的条件。 6. 财政部、国家税务总局规定的其他条件。	1.《中华人民共和国企业所得税法》第三十一条 2.《中华人民共和国企业所得税法实施条例》第九十七条 3.《关于实施创业投资企业所得税优惠问题的通知》（国税发〔2009〕87号）

续表

纳税优惠政策	优惠内容	享受主体	享受条件	政策依据
(四十七) 有限合伙制创业投资企业法人合伙人投资未上市的中小高新技术企业按投资额比例抵扣应纳税所得额	自2015年10月1日起,有限合伙制创业投资企业采取股权投资方式投资未上市的中小高新技术企业满2年(24个月)的,该有限合伙制创业投资企业的法人合伙人可按照其对未上市中小高新技术企业投资额的70%抵扣该法人合伙人从该有限合伙制创业投资企业分得的应纳税所得额,当年不足抵扣的,可以在以后纳税年度结转抵扣。	有限合伙制创业投资企业的法人合伙人投资的未上市中小高新技术企业的投资额	1. 有限合伙制创业投资企业是指依照《中华人民共和国合伙企业法》、《创业投资企业管理暂行办法》(国家发展和改革委员会等10部委令2005年第39号)和《外商投资创业投资企业管理规定》(外经贸部等5部委令2003年第2号)设立的专门从事创业投资活动的有限合伙企业。 2. 有限合伙制创业投资企业的法人合伙人,是指依照《中华人民共和国企业所得税法》及其实施条例以及相关税收规定,实行查账征收企业所得税的居民企业。 3. 有限合伙制创业投资企业采取股权投资方式投资于未上市的中小高新技术企业满2年(24个月),即2015年10月1日起,有限合伙制创业投资企业投资于未上市中小高新技术企业已满2年,同时,法人合伙人对该有限合伙制创业投资企业的实缴出资也应满2年。	1.《关于将国家自主创新示范区有关税收试点政策推广到全国范围实施的通知》(财税〔2015〕116号)第一条 2.《关于有限合伙人企业法人合伙人企业所得税有关问题的公告》(国家税务总局公告2015年第81号)

续表

纳税优惠政策	优惠内容	享受主体	享受条件	政策依据
			4. 创业投资企业投资的中小高新技术企业,按照科技部、财政部、国家税务总局《关于印发〈高新技术企业认定管理办法〉的通知》（国科发火[2008]172号）和《关于印发〈高新技术企业认定管理工作指引〉的通知》（国科发火[2008]362号）的规定,通过高新技术企业认定以外,还应符合营业销售额不超过2亿元,资产总额不超过2亿元,职工人数不超过500人的条件。 5. 有限合伙制创业投资企业应按照《关于合伙企业合伙人所得税问题的通知》（财税[2008]159号）相关规定执行。	3.《关于实施创业投资企业所得税优惠问题的通知》（国税发[2009]87号）
(四十八) 公司制创业投资企业投资初创科技型企业按投资额比例抵扣应纳税所得额	自2018年1月1日起,公司制创业投资企业采取股权投资方式直接投资于种子期、初创期科技型企业（以下简称初创科技型企业）满2年（24个月）的,可以按照投资额的70%在股权持有满2年的当年抵扣该公司制创业投资企业的应纳税所得额;当年不足抵扣的,可以在以后纳税年度结转抵扣。	公司制创业投资企业	1. 创业投资企业,应同时符合以下条件: (1) 在中国境内（不含港、澳、台地区）注册成立,实行查账征收的居民企业或合伙创业投资企业,且不属于被投资初创科技型企业的发起人;	

续表

纳税优惠政策	优惠内容	享受主体	享受条件	政策依据
			(2) 符合《创业投资企业管理暂行办法》(国家发展和改革委员会等10部委令2005年第39号) 规定或者《私募投资基金监督管理暂行办法》(证监会令第105号) 关于创业投资基金的特别规定，按照上述规定完成备案且规范运作； (3) 投资后2年内，创业投资企业及其关联方持有被投资初创科技型企业的股权比例合计应低于50%。 2. 初创科技型企业，应同时符合以下条件： (1) 在中国境内 (不包括港、澳、台地区) 注册成立、实行查账征收的居民企业； (2) 接受投资时，从业人数不超过300人，其中具有大学本科以上学历的从业人数不低于30%；资产总额和年销售收入均不超过5 000万元； (3) 接受投资时设立时间不超过5年 (60个月)； (4) 接受投资以及接受投资后2年内未在境内外证券交易所上市；	1. 《关于创业投资企业和天使投资个人有关税收政策的通知》(财税〔2018〕55号) 第一条、第二条。 2. 《关于创业投资企业和天使投资个人税收政策有关问题的公告》(国家税务总局公告2018年第43号) 3. 《关于实施小微企业普惠性税收减免政策的通知》(财税〔2019〕13号) 第五条

续表

纳税优惠政策	优惠内容	享受主体	享受条件	政策依据
			(5) 接受投资当年及下一纳税年度,研发费用占成本费用的比例不低于20%。 3. 股权投资,仅限于通过向被投资初创科技型企业直接支付现金方式取得的股权投资,不包括受让其他股东的存量股权。	
(四十九) 有限合伙制创业投资企业合伙人法人投资初创科技型企业按比例抵扣应纳税所得额	自2018年1月1日起,有限合伙制创业投资企业采取股权投资方式直接投资于初创科技型企业满2年(24个月)的,法人合伙人可以按照对初创科技型企业投资额的70%抵扣法人合伙人从合伙创业投资企业分得的所得;当年不足抵扣的,可以在以后纳税年度结转抵扣。	有限合伙制创业投资企业法人合伙人	1. 创业投资企业,应同时符合以下条件: (1) 在中国境内(不含港、澳、台地区)注册成立、实行查账征收的居民企业或创投基金,且不属于被投资初创科技型企业的发起人; (2) 符合《创业投资企业管理暂行办法》(国家发展和改革委员会等10部委令2005年第39号)规定或者《私募投资基金监督管理暂行办法》(证监会令第105号)关于创业投资基金的特别规定,按照上述规定完成备案且规范运作;	1.《关于创业投资企业和天使投资个人有关税收政策的通知》(财税〔2018〕55号)第二条、第一条

续表

纳税优惠政策	优惠内容	享受主体	享受条件	政策依据
			(3) 投资后2年内,创业投资企业及其关联方持有被投资初创科技型企业的股权比例合计应低于50%。 2. 初创科技型企业,应同时符合以下条件: (1) 在中国境内(不包括港、澳、台地区)注册成立,实行查账征收的居民企业。 (2) 接受投资时,从业人数不超过300人,其中具有大学本科以上学历的从业人数不低于30%;资产总额和年销售收入均不超过5 000万元。 (3) 接受投资时设立时间不超过5年(60个月)。 (4) 接受投资当年及下一纳税年度,未在境内外证券交易所上市。 (5) 接受投资当年及下一纳税年度,研发费用总额占成本费用支出的比例不低于20%。 3. 股权投资,仅限于通过向被投资初创科技型企业直接支付现金方式取得的股权投资,不包括受让其他股东的存量股权。	2.《关于创业投资企业和天使投资个人税收政策有关问题的公告》(国家税务总局公告2018年第43号) 3.《关于实施小微企业普惠性税收减免政策的通知》(财税〔2019〕13号)第五条

续表

纳税优惠政策	优惠内容	享受主体	享受条件	政策依据
(五十) 有限合伙制创业投资企业个人合伙人投资初创科技型企业按比例抵扣应纳税所得额	自2018年1月1日起，有限合伙制创业投资企业采取股权投资方式直接投资于初创科技型企业满2年（24个月）的，个人合伙人可以按照对初创科技型企业投资额的70%抵扣个人合伙人从合伙创业投资企业分得的经营所得；当年不足抵扣的，可以在以后纳税年度结转抵扣。	有限合伙制创业投资企业个人合伙人	1. 创业投资企业，应同时符合以下条件： (1) 在中国境内（不含港、澳、台地区）注册成立，实行查账征收的居民企业或合伙创投企业的发起人； (2) 符合《创业投资企业管理暂行办法》（国家发展和改革委员会等10部委令2005年第39号）规定或者《私募投资基金监督管理暂行办法》（证监会令第105号）关于创业投资基金的特别规定，按照上述规定完成备案且规范运作； (3) 投资后2年内，创业投资企业及其关联方持有被投资初创科技型企业的股权比例合计应低于50%。 2. 初创科技型企业，应同时符合以下条件：	1.《关于创业投资企业和天使投资个人有关税收政策的通知》（财税〔2018〕55号）第一条。 2.《关于创业投资企业和天使投资个人税收政策有关问题的公告》（国家税务总局公告2018年第43号） 3.《关于实施小微企业普惠性税收减免政策的通知》（财税〔2019〕13号）第五条

续表

纳税优惠政策	优惠内容	享受主体	享受条件	政策依据
			(1) 在中国境内（不包括港、澳、台地区）注册成立、实行查账征收的居民企业。 (2) 接受投资时，从业人数不超过300人，其中具有大学本科以上学历的从业人数不低于30%；资产总额和年销售收入均不超过5 000万元。 (3) 接受投资时设立时间不超过5年（60个月）。 (4) 接受投资以及投资后2年内未在境内外证券交易所上市。 (5) 接受投资当年及下一纳税年度，研发费用总额占成本费用支出的比例不低于20%。 3. 股权投资，仅限于通过向被投资初创科技型企业直接支付现金方式取得的股权投资，不包括接受其他股东的存量股权。	

续表

纳税优惠政策	优惠内容	享受主体	享受条件	政策依据
（五十一）天使投资人投资初创科技型企业按比例抵扣应纳税所得额	自2018年7月1日起，天使投资个人采取股权投资方式直接投资于初创科技型企业满2年的，可以按照投资额的70%抵扣该天使投资个人转让该初创科技型企业股权取得的应纳税所得额；当期不足抵扣的，可以在以后取得转让该初创科技型企业股权的应纳税所得额时结转抵扣。天使投资个人投资多个初创科技型企业的，对其中办理注销清算的初创科技型企业，天使投资个人对其投资额的70%尚未抵扣完的，可自注销清算之日起36个月内抵扣天使投资个人转让其他初创科技型企业股权取得的应纳税所得额。	天使投资人	1. 天使投资个人，应同时符合以下条件： （1）不属于被投资初创科技型企业的发起人、雇员或其亲属（包括配偶、父母、子女、祖父母、外祖父母、孙子女、外孙子女、兄弟姐妹，下同），且与被投资初创科技型企业不存在劳务派遣等关系； （2）投资后2年内，本人及其亲属持有被投资初创科技型企业股权比例合计应低于50%。 2. 初创科技型企业，应同时符合以下条件： （1）在中国境内（不包括港、澳、台地区）注册成立、实行查账征收的居民企业。 （2）接受投资时，从业人数不超过300人，其中具有大学本科以上学历的从业人数不低于30%；资产总额和年销售收入均不超过5 000万元。 （3）接受投资时设立时间不超过5年（60个月）。 （4）接受投资时以及接受投资后2年内未在境内外证券交易所上市。 （5）接受投资当年及下一纳税年度，研发费用总额占成本费用支出的比例不低于20%。	1.《关于创业投资企业和天使投资个人有关税收政策的通知》（财税〔2018〕55号）第一条、第二条 2.《关于创业投资企业和天使投资个人有关税收政策有关问题的公告》（国家税务总局公告2018年第43号） 3.《关于实施小微企业普惠性税收减免政策的通知》（财税〔2019〕13号）第五条

续表

纳税优惠政策	优惠内容	享受主体	享受条件	政策依据
			3. 股权投资，仅限于通过向被投资初创科技型企业直接支付现金方式取得的股权投资，不包括受让其他股东的存量股权。	
(五十二) 金融机构农户小额贷款利息收入所得税减计收入	自2017年1月1日至2019年12月31日，对金融机构农户小额贷款的利息收入，在计算应纳税所得额时，按90%计入收入总额。	向农户发放小额贷款的金融机构	1. 农户，是指长期（一年以上）居住在乡镇（不包括城关镇）行政管理区域内的住户，还包括长期居住在城关镇所辖行政村范围内的住户和在本地居住一年以上的其他户口和户籍所在地不在本地而在本地居住一年以上的住户，国有农场的职工和二三产业的个体工商户。位于乡镇（不包括城关镇）行政管理区域内和在城关镇所辖行政村范围内的国有经济的机关、团体、学校、企事业单位的集体户；有本地户口，但举家外出谋生一年以上的农户，无论是否保留承包耕地均不属于农户。农户以户为统计单位，既可以从事农业生产经营，也可以从事非农业生产经营。农户贷款的判定应以贷款发放时的承贷主体是否属于农户为准。 2. 小额贷款，是指单笔且该农户贷款余额总额在10万元（含本数）以下的贷款。	《关于延续支持农村金融发展有关税收政策的通知》（财税[2017] 44号）第二条

续表

纳税优惠政策	优惠内容	享受主体	享受条件	政策依据
（五十三）小额贷款公司农户小额贷款利息收入免征增值税	自2017年1月1日至2019年12月31日，对经省级金融管理部门（金融办、局等）批准成立的小额贷款公司取得的农户小额贷款利息收入，免征增值税。	经省级金融管理部门（金融办、局等）批准成立的小额贷款公司	1. 农户，是指长期（一年以上）居住在乡镇（不包括城关镇）行政管理区域内的住户，还包括长期居住在城关镇所辖行政村范围内的住户和户口不在本地而在本地居住一年以上的住户、国有农场的职工和农村个体工商户。位于乡镇（不包括城关镇）行政管理区域内和在城关镇所辖行政村范围内国有农场内的国有经济的集体机关、团体、学校、企事业单位的集体户；有本地户口，但是举家外出谋生一年以上的住户，无论是否保留承包耕地均不属于农户。农户以户为统计单位，既可以从事农业生产经营，也可以从事非农业生产经营。农户贷款的判定应以贷款发放时的承贷主体是否属于农户为准。
2. 小额贷款，是指单笔且该农户贷款余额总额在10万元（含本数）以下的贷款。	《关于小额贷款公司有关税收政策的通知》（财税〔2017〕48号）第一条、第四条

续表

纳税优惠政策	优惠内容	享受主体	享受条件	政策依据
(五十四) 小额贷款公司农户小额贷款利息收入所得税减计收入	自 2017 年 1 月 1 日至 2019 年 12 月 31 日,对经省级金融管理部门(金融办、局等)批准成立的小额贷款公司取得的农户小额贷款利息收入,在计算应纳税所得额时,按 90% 计入收入总额。	经省级金融管理部门(金融办、局等)批准成立的小额贷款公司	1. 农户,是指长期(一年以上)居住在乡镇(不包括城关镇)行政管理区域内的住户,还包括长期居住在城关镇所辖行政村范围内的住户和在本地居住一年以上的住户,国有农场的职工和农村个体工商户。位于乡镇(不包括城关镇)行政管理区域内和在城关镇所辖行政村范围内的国有经济的集体企事业单位,机关、团体、学校、企事业单位举办的农场,不属于农户。农户以户为统计单位,既可以从事农业生产经营,也可以从事非农业生产经营。农户贷款的判定应以贷款发放时的农户经营户的承贷主体是否属于农户为准。 2. 小额贷款,是指单笔且该农户贷款余额总额在 10 万元(含本数)以下的贷款。	《关于小额贷款公司有关税收政策的通知》(财税〔2017〕48号)第二条、第四条

第一部分　企业纳税管理分析报告指引　　073

续表

纳税优惠政策	优惠内容	享受主体	享受条件	政策依据
(五十五) 金融机构向农户、小微企业及个体工商户小额贷款利息收入免征增值税	1. 自2017年12月1日至2019年12月31日，对金融机构向农户、小型企业、微型企业及个体工商户发放小额贷款取得的利息收入，免征增值税。上述小额贷款，是指单户授信小于100万元（含本数）的农户、小型企业、微型企业或个体工商户贷款；没有授信额度的，是指单户贷款合同金额且贷款余额在100万元（含本数）以下的贷款。	向农户、小型企业、微型企业及个体工商户发放小额贷款的金融机构	1. 小型企业、微型企业，是指符合《中小企业划型标准规定》（工信部联企业 [2011] 300号）的小型企业和微型企业。其中，资产总额和从业人员指标以贷款发放时的实际状态确定；营业收入指标以贷款发放前12个自然月的累计数计算，不满12个自然月的，按照以下公式计算： 营业收入（年）=企业实际存续期间营业收入/企业实际存续月数×12。 2. 适用"优惠内容"第2条规定的金融机构需符合以下条件： 金融机构，是指经人民银行、银保监会批准成立的已通过监管部门上一年度"两增两控"考核的机构，以及经人民银行、银保监会、证监会批准成立的开发银行及政策性银行、外资银行和非银行业金融机构。	1.《关于支持小微企业融资有关税收政策的通知》（财税 [2017] 77号）第一条、第三条

续表

纳税优惠政策	优惠内容	享受主体	享受条件	政策依据
	2. 自2018年9月1日至2020年12月31日，对金融机构向小型企业、微型企业和个体工商户发放小额贷款取得的利息收入，免征增值税。上述小额贷款，是指单户授信小于1 000万元（含本数）的小型企业、微型企业或个体工商户贷款；没有授信额度的，是指单户贷款合同金额且贷款余额在1 000万元（含本数）以下的贷款。		"两增两控"是指单户授信总额1 000万元以下（含）小微企业贷款同比增速不低于各项贷款同比增速，有贷款余额的户数不低于上年同期水平，合理控制小微企业贷款资产质量水平和贷款综合成本（包括利率和贷款相关的银行服务费）水平。金融机构完成"两增两控"情况，以银保监会及其派出机构考核结果为准。 3. 金融机构可以选择以下两种方法之一适用免税： （1）对金融机构向小型企业、微型企业和个体工商业户发放的，利率水平不高于人民银行同期贷款基准利率150%（含本数）的单笔小额贷款取得的利息收入，免征增值税；高于人民银行同期贷款基准利率150%的单笔小额贷款取得的利息收入，按照现行政策规定缴纳增值税。	2.《关于金融机构小微企业贷款利息收入免征增值税政策的通知》（财税〔2018〕91号） 3.《关于印发中小企业划型标准规定的通知》（工信部联企业〔2011〕300号）

续表

纳税优惠政策	优惠内容	享受主体	享受条件	政策依据
			（2）对金融机构向小型企业、微型企业和个体工商户发放单笔小额贷款取得的利息收入中，不高于该笔贷款按照人民银行同期贷款基准利率150%（含本数）计算的利息收入部分，免征增值税；超过部分按照现行政策规定缴纳增值税。金融机构可按照上述两种方法之一选定，该会计年度内不得变更。	
（五十六）金融机构与小微型企业签订借款合同免征印花税	自2018年1月1日至2020年12月31日，对金融机构与小型企业、微型企业签订的借款合同免征印花税。	金融机构和小型企业、微型企业	小型企业、微型企业，是指符合《中小企业划型标准规定》（工信部联企业[2011]300号）的小型企业和微型企业。其中，资产总额和从业人员指标均以贷款发放时的实际状态确定；营业收入指标以贷款发放前12个自然月的累计数计算，不满12个自然月的，按照以下公式计算： 营业收入（年）=企业实际存续期间营业收入／企业实际存续月数×12。	1.《关于支持小微企业融资有关税收政策的通知》（财税[2017] 77号）第一条、第三条 2.《关于印发中小企业划型标准规定的通知》（工信部联企业[2011] 300号）

续表

纳税优惠政策	优惠内容	享受主体	享受条件	政策依据
（五十七）由国家级、省级、省部级以及国际组织对科技人员颁发的科技奖金免征个人所得税	省级人民政府、国务院部委和中国人民解放军军以上单位，以及外国组织、国际组织颁发的科学、教育、技术方面的奖金，免征个人所得税。	科技人员	科技奖金由国家级、省部级、省级、解放军军以上单位以及外国组织、国际组织颁发。	《中华人民共和国个人所得税法》第四条第一项
（五十八）职务科技成果转化现金奖励减免个人所得税	依法批准设立的非营利性研究开发机构和高等学校根据《中华人民共和国促进科技成果转化法》规定，从职务科技成果转化收入中给予科技人员的现金奖励，可减按50%计入科技人员当月"工资、薪金所得"，依法缴纳个人所得税。	科技人员	1. 民办非营利性研究开发机构和高等学校，是指同时满足以下条件的民办非企业单位科研机构和高校： （1）根据《民办非企业单位登记管理暂行条例》在民政部门登记，并取得《民办非企业单位登记证书》。 （2）对于民办非企业单位登记证书》"科学研究与服务、科技咨询"记载的业务范围属于技术开发、成果转让，科技咨询与服务，科技成果评估"范围。对业务范围存在争议的，由税务机关提请县级（含）以上科技行政主管部门确认。	《关于科技人员取得职务科技成果转化现金奖励有关个人所得税政策的通知》（财税〔2018〕58号）

续表

纳税优惠政策	优惠内容	享受主体	享受条件	政策依据
			对于民办非营利性高校，应取得教育主管部门颁发的《民办学校办学许可证》，记载学校办学许可证》类型为"高等学校"。 (3) 经认定取得企业所得税非营利组织免税资格。 2. 科技人员享受上述税收优惠政策，须同时符合以下条件： (1) 科技人员是指营利非营利性科研机构和高校中对完成或转化职务科技成果作出重要贡献的人员。非营利性科研机构和高校应按规定公示科技人员名单及相关信息（国防专利转化除外），具体公示办法由科技部会同财政部、税务总局制定。 (2) 科技成果是指专利技术（含国防专利），计算机软件著作权，集成电路布图设计专有权，植物新品种，生物医药新品种，以及科技部、财政部、税务总局确定的其他技术成果。	

续表

纳税优惠政策	优惠内容	享受主体	享受条件	政策依据
			(3) 科技成果转化是指转让非营利性科研机构和高校向他人转让科技成果或者许可他人使用科技成果。现金奖励是指非营利性科研机构和高校在取得科技成果转化收入三年（36个月）内奖励给科技人员的现金。 (4) 非营利性科研机构和高校转化科技成果，应当签订技术合同，并根据《技术合同认定登记管理办法》，在技术合同登记机构进行审核登记，并取得技术合同认定登记证明。 非营利性科研机构和高校应健全科技成果转化的资金核算，不得将正常工资、奖金等收入列入科技人员科技成果转化现金奖励享受税收优惠。	

五、主要税务管理分析指标及纳税管理指引

（一）主要税务管理分析指标（表9）

表9　主要税务管理分析指标

税务分析指标	计算公式	经验判断
增值税税负率	应纳增值税额÷应纳税销售额（不含税销售总收入）×100%	通过企业增值税税负率与企业历史平均数据或所属行业的平均增值税税负率相比较，判断本期企业增值税税负轻重，如果过分大于行业增值税平均税负率，说明企业经营中税务管理和纳税流程可能不合理，要加强管理，做好合理规划，反之要注意涉税风险。
企业所得税税负率	应纳所得税额÷应纳税销售额（不含税销售总收入）×100%	通过企业所得税税负率与企业历史平均数据或所属行业的平均所得税税负率相比较，判断本期企业所得税税负轻重，如果过分大于行业所得税平均税负率，说明企业经营中税务管理和纳税流程可能不合理，要加强纳税管理，做好纳税规划，反之要注意涉税风险。
利润税负率	本期应纳税合计额÷利润总额（本期主营业务利润）×100%	通过利润税负率与企业历史平均数据或所属行业的利润税负率相比较，判断本企业总体税负轻重与对经营成果的影响程度，如果过分大于行业平均税负率，说明企业经营中税务管理和纳税流程可能不合理，要加强纳税管理，做好纳税规划，反之要注意涉税风险。
税负差异率	（企业税负率－同行业平均税负率）÷同行业平均税负率×100%	如果纳税人自身税负变化过大，可能存在账外经营、已实现纳税义务而未结转收入、取得进项税额不符合规定、享受税收优惠政策期间购进货物未取得可抵扣进项税额发票或虚开发票等问题。

（二）企业纳税管理指引

1. 企业应自觉执行国家税收和会计法律制度，在税金核算、纳税申报、税款缴纳、税务检查等业务处理中要符合税法和会计法律制度的规定。

2. 企业应正确运用享受的税收优惠政策，在相关优惠政策享受和备案手续的履行上，都按照税务机关的要求，及时申报及备案。

3. 企业要加强新政策的培训工作，对于税务机关颁布的各项新规定，要组织涉税人员参与学习活动，共同讨论和学习有关事项，提高涉税人员的整体素质。

4. 企业要加强与税务机关沟通，在实际经营过程中，对于日常涉税事项、重大涉税事项，以及最新税收政策的理解和操作，要与税务机关在政策和程序上进行事先的沟通，防止企业与税务机关对政策理解出现偏差，造成税务争议。

5. 企业应完善内部税务控制制度建设：

（1）针对重大税务风险所涉及的管理职责和业务流程，制定覆盖各个环节的全流程控制措施；对其他风险所涉及的业务流程，合理设置关键控制环节，采取相应的控制措施。

（2）制定各项涉税会计事务的处理流程，明确各自的职责和权限，保证对税务事项的会计处理符合相关法律法规。

（3）完善纳税申报表编制、复核和审批，以及税款缴纳的程序，明确相关的职责和权限，保证纳税申报和税款缴纳符合税法规定。

（4）按照税法规定，真实、完整、准确地准备和保存有关涉税业务资料，并按相关规定进行报备。

（5）设立内部审计机构，成立审计委员会，配有专职税务审计人员，将税务内部控制纳入内部审计工作，确保内部税务审计的独立性。内部审计机构对税务内部控制制度建设负责。税务审计人员对税务内部控制制度的执行情况负责，对税务活动实施全流程监控，对公司可能存在的税务风险提出应对措施。

6. 企业应加强信息与沟通方面的建设：

企业应建立税务管理的信息与沟通制度，明确税务相关信息的收集、处理和传递程序，确保企业税务部门内部、企业税务部门与其他部门、企业税务部门与董事会和监事会等企业治理层以及管理层的沟通和反馈，发现问题应及时报告并采取应对措施。

（1）建立和完善税法的收集和更新系统，及时汇编企业适用的税法并定期更新。

（2）建立和完善其他相关法律法规的收集和更新系统，确保企业财务会计系统的设置和更改与法律法规的要求同步，保证会计信息的输出能够反映法律法规的最新变化。

（3）根据业务特点和成本效益原则，将信息技术应用于税务管理的各项工作，建立涵盖纳税管理基本流程和内部控制系统各环节的管理信息系统。

（4）利用计算机系统和网络技术，对具有重复性、规律性的涉税事项进行自动控制。

（5）将税务申报纳入计算机系统管理，利用有关报表软件提高税务申报的准确性。

（6）建立年度税务日历系统，由系统自动提醒相关责任人完成涉税业务，并跟踪和监控工作完成情况。

（7）建立税务文档管理数据库，采用合理的流程和可靠的技术对涉税信息资料进行安全存储。

（8）利用信息管理系统，提高法律法规的收集、处理及传递的效率，动态监控法律法规的执行。

第二部分

企业纳税管理分析报告能力训练

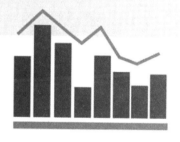

训练案例 1

AGT 有限责任公司纳税管理分析报告

（小规模纳税人）

案例资料

一、企业基本资料

1. AGT 有限责任公司为小规模纳税人，公司经营所在地为江苏省徐州市，纳税人识别号（统一社会信用代码）为 92320355MA1E5JP8XA。

2. 税务机关对本企业实行查账征收方式。

3. 经税务机关具体核定，本企业应缴增值税按季纳税申报，经税务局核定审批可以继续自行开具增值税专用发票。

4. 经税务机关具体核定，本企业的应缴企业所得税分季预缴，年终汇算清缴。按季预缴方式选择"按照实际利润额预缴"。

5. 随增值税、消费税附征的城市维护建设税、教育费附加等税费实行按季申报，所在城市的城市维护建设税税率为 7%，教育费附加征收率为 3%，地方教育费附加征收率为 2%。根据《关于实施小微企业普惠性税收减免政策的通知》精神，对小规模纳税人核定城市维护建设税、教育费附加等税费减征 50%。

6. 会计核算执行《小企业会计制度》。

二、2019 年主要经营业务及相关税费申报情况

1. 2019 年第一季度在当地提供建筑服务，无外包扣除项目，自行开具增值税专用发票不含税收入 25 万元，开具增值税普通发票不含税收入 3 万元。

2. 2019年第一季度建筑服务性主营业务收入28万元，按照完工百分比确定主营业务成本为20.1566万元，期间费用3.2994万元，实现利润总额44990元，本期未发生其他营业外收支业务。根据《关于实施小型微利企业普惠性所得税减免政策有关问题的公告》（国家税务总局公告2019年第2号）"自2019年1月1日至2021年12月31日，对小型微利企业年应纳税所得额不超过100万元的部分，减按25%计入应纳税所得额，按20%的税率缴纳企业所得税"精神，向税务机关申报并核准，符合小型微利企业条件，按照截至本期申报所属期末累计情况计算享受小型微利企业所得税减免政策，执行此普惠性优惠政策。

3. 2019年第一季度增值税纳税申报表如下所示：

增值税纳税申报表

（小规模纳税人适用）

纳税人识别号：92320355MA1E5JP8XA
纳税人名称（公章）： 　　　　　　　　　　　金额单位：元至角分
税款所属期：2019年1月1日至2019年3月31日　　填表日期：2019年4月10日

项 目		栏次	本期数		本年累计	
			货物及劳务	服务、不动产和无形资产	货物及劳务	服务、不动产和无形资产
一、计税依据	（一）应征增值税不含税销售额（3%征收率）	1		250 000		250 000
	税务机关代开的增值税专用发票不含税销售额	2		250 000		250 000
	税控器具开具的普通发票不含税销售额	3				
	（二）应征增值税不含税销售额（5%征收率）	4	—		—	
	税务机关代开的增值税专用发票不含税销售额	5	—		—	
	税控器具开具的普通发票不含税销售额	6	—		—	

续表

项目	栏次	本期数		本年累计	
		货物及劳务	服务、不动产和无形资产	货物及劳务	服务、不动产和无形资产
一、计税依据	（三）销售使用过的固定资产不含税销售额	7（7≥8）		—	—
	其中：税控器具开具的普通发票不含税销售额	8		—		—
	（四）免税销售额	9 = 10 + 11 + 12	30 000		30 000	
	其中：小微企业免税销售额	10	30 000		30 000	
	未达起征点销售额	11				
	其他免税销售额	12				
	（五）出口免税销售额	13（13≥14）				
	其中：税控器具开具的普通发票销售额	14				
二、税款计算	本期应纳税额	15	7 500		7 500	
	本期应纳税额减征额	16				
	本期免税额	17	900		900	
	其中：小微企业免税额	18	900		900	
	未达起征点免税额	19				
	应纳税额合计	20 = 15 - 16	7 500		7 500	
	本期预缴税额	21			—	
	本期应补（退）税额	22 = 20 - 21	7 500		—	—

纳税人或代理人声明：	如纳税人填报，由纳税人填写以下各栏：
本纳税申报表是根据国家税收法律法规及相关规定填报的，我确定它是真实的、可靠的、完整的。	办税人员：　　　　　　　财务负责人：
	法定代表人：　　　　　　　联系电话：
	如委托代理人填报，由代理人填写以下各栏：
	代理人名称（公章）：　　　经办人：
	联系电话：

主管税务机关：　　　　　　接收人：　　　　　　接收日期：

4. 2019 年第一季度企业所得税预缴纳税申报表如下所示（A201030《减免所得税优惠明细表》略）：

A200000　中华人民共和国企业所得税月（季）度预缴纳税申报表（A 类）

税款所属期间：2019 年 1 月 1 日至 2019 年 3 月 31 日

纳税人识别号（统一社会信用代码）：92320355MA1E5JP8XA

纳税人名称：AGT 有限责任公司　　　　　　　　　　金额单位：人民币元（列至角分）

预缴方式	☑ 按照实际利润额预缴	□ 按照上一纳税年度应纳税所得额平均额预缴 □ 按照税务机关确定的其他方法预缴	
企业类型	☑ 一般企业	□ 跨地区经营汇总纳税企业总机构 □ 跨地区经营汇总纳税企业分支机构	
预缴税款计算			
行次	项　目		本年累计金额
1	营业收入		280 000
2	营业成本		201 566
3	利润总额		44 990
4	加：特定业务计算的应纳税所得额		
5	减：不征税收入		
6	减：免税收入、减计收入、所得减免等优惠金额（填写 A201010）		
7	减：固定资产加速折旧（扣除）调减额（填写 A201020）		
8	减：弥补以前年度亏损		
9	实际利润额（3+4-5-6-7-8）\ 按照上一纳税年度应纳税所得额平均额确定的应纳税所得额		44 990
10	税率（25%）		
11	应纳所得税额（9×10）		11 247.5
12	减：减免所得税额（填写 A201030）		8 998
13	减：实际已缴纳所得税额		
14	减：特定业务预缴（征）所得税额		
15	本期应补（退）所得税额（11-12-13-14）\ 税务机关确定的本期应纳所得税额		2 249.5

续表

\multicolumn{3}{c}{汇总纳税企业总分机构税款计算}		
行次	\multicolumn{2}{c}{项　　目}	本年累计金额
16	总机构填报	总机构本期分摊应补（退）所得税额（17＋18＋19）	
17		其中：总机构分摊应补（退）所得税额（15×总机构分摊比例____％）	
18		财政集中分配应补（退）所得税额（15×财政集中分配比例____％）	
19		总机构具有主体生产经营职能的部门分摊所得税额（15×全部分支机构分摊比例____％×总机构具有主体生产经营职能部门分摊比例____％）	
20	分支机构填报	分支机构本期分摊比例	
21		分支机构本期分摊应补（退）所得税额	

\multicolumn{4}{c}{附　报　信　息}			
高新技术企业	□是　☑否	科技型中小企业	□是　☑否
技术入股递延纳税事项	□是　☑否		

\multicolumn{4}{c}{按　季　度　填　报　信　息}			
季初从业人数	78	季末从业人数	102
季初资产总额（万元）	213.56	季末资产总额（万元）	227.48
国家限制或禁止行业	□是　☑否	小型微利企业	☑是　□否

谨声明：本纳税申报表是根据国家税收法律法规及相关规定填报的，是真实的、可靠的、完整的。

　　　　　　　　　　　　　　纳税人（签章）：略　　　　2019 年 4 月 10 日

经办人：略
经办人身份证号：略
代理机构签章：
代理机构统一社会信用代码：

受理人：
受理税务机关（章）：
受理日期：　　年　　月　　日

国家税务总局监制

5. 2019年第一季度城市维护建设税、教育费附加、地方教育附加申报表如下所示:

城市维护建设税　教育费附加　地方教育附加申报表

税款所属期限：自 2019 年 1 月 1 日至 2019 年 3 月 31 日

纳税人识别号（统一社会信用代码）：92320355MA1E5JP8XA

纳税人名称：AGT 有限责任公司　　　　　　　金额单位：人民币元（列至角分）

本期是否适用增值税小规模纳税人减征政策（减免性质代码_城市维护建设税：07049901，减免性质代码_教育费附加：61049901，减免性质代码_地方教育附加：99049901）	☑ 是 □ 否	减征比例_城市维护建设税（%）	50
		减征比例_教育费附加（%）	50
		减征比例_地方教育附加（%）	50
本期是否适用试点建设培育产教融合型企业抵免政策	□ 是 ☑ 否	当期新增投资额	
		上期留抵可抵免金额	
		结转下期可抵免金额	

税（费）种	计税（费）依据				税率（征收率）	本期应纳税（费）额	本期减免税（费）额		本期增值税小规模纳税人减征额	试点建设培育产教融合型企业		本期已缴税（费）额	本期应补（退）税（费）额
	增值税			营业税			减免性质代码	减免税（费）额		减免性质	本期抵免金额		
	一般增值税	免抵税额	消费税		合计								
	1	2	3	4	5=1+2+3+4	6	7	8	9	10	11	12	13	14=7-9-10-12-13
城建税	7 500				7 500	7%	525			262.5	—	—		262.5
教育费附加	7 500				7 500	3%	225			112.5				112.5
地方教育附加	7 500				7 500	2%	150			75				75
—														
合计	—				—		900			450				450

谨声明：本申报表是根据国家法律法规及相关规定填报的，是真实的、可靠的、完整的。

纳税人（签章）：　　　　　　　　　　　　　　　2019 年 4 月 10 日

经办人：
经办人身份证号：
代理机构签章：
代理机构统一社会信用代码：

受理人：
受理税务机关（章）：
受理日期：　　年　　月　　日

三、主要财税分析指标

本公司 2018 年纳税管理财税分析数据资料如下所示：

财务指标	计算口径	2018 年度	2019 年第一季度
增值税税负率	增值税税负率＝应纳增值税额÷应纳税销售额（应税销售收入）×100%	3%	2.68%
企业所得税税负率	企业所得税税负率＝应纳所得税额÷应纳税销售额（应税销售收入）×100%	4.45%	0.99%
利润税负率	利润税负率＝本期应纳税额÷本期主营业务利润×100%	34.46%	17.95%

阅读该企业案例资料，根据所得到的纳税信息，填制下列纳税管理分析报告中的空白部分，有所给并列可选择答案的，在正确答案前的□中打"√"，形成完整的纳税管理分析报告。

AGT 有限责任公司 2019 年第一季度纳税管理分析报告

公司领导及公司全体股东：

根据本公司 2019 年第一季度纳税申报表所列示的相关数据和资料，结合日常财税管理工作分析总结，现就本公司纳税管理以及相关财税管理建议报告如下：

一、本季度纳税状况

1. 增值税纳税情况。本公司按季纳税，本季度共取得经营活动收入合计不含税销售收入_____万元，未超过按季_____万元免税标准，可以享受□小规模纳税人 □一般纳税人免税优惠。但自开专用发票销售收入_____万元不在免税范围内，本季度应纳增值税不含税销售收入为_____万元，□征收率为3% □增值税税率为6%，本期应纳增值税税额为_____元。本季度免税销售额_____元，本期免税额为_____元，按照增值税相关优惠政策的规定，免税销售额应为□小微企业免税销售额 □未达起征点销售额，本期免税额为□小微企业免税额 □未达起征点免税额。

2. 企业所得税纳税情况。经税务机关具体核定，本企业的应缴企业所得税采用_____的缴纳方式。预缴采用"实际利润额预缴"，本季度实现利润_____元，应税所得额为_____元，应纳所得税额_____元。根据《关于实施小微企业普惠性税收减免政策的通知》和《关于实施小型微利企业普惠性所得税减免政策有关问题的公告》的税收政策文件精神，减免所得税额_____元，本季应缴纳所得税额_____元。

3. 其他税费缴纳情况。本季度应缴纳城市维护建设税_____元，教育费附加_____元，地方教育附加_____元。根据《关于实施小微企业普惠性税收减免政策的通知》和《关于实施小型微利企业普惠性所得税减免政策有关问题的公告》的税收政策文件精神，减免缴纳城市维护建设税_____元，教育费附加_____元，地方教育附加_____元。

二、本季度享受纳税优惠政策情况

根据《关于实施小微企业普惠性税收减免政策的通知》（财税〔2019〕13号）、《关于小规模纳税人免征增值税政策有关征管问题的公告》（国家税务总局公告2019年第4号）文件精神，本公司本季度享受如下纳税优惠政策，共减免应纳税额_____元。

1. 享受了"增值税小规模纳税人销售额未超限额免征增值税"的优

惠政策，即"自2019年1月1日至2021年12月31日，对月销售额10万元以下（以1个季度为1个纳税期的，季度销售额30万元以下，含本数）的增值税小规模纳税人，免征增值税"，本季度因本优惠政策，免缴增值税_____元。

2. 享受了"小型微利企业减免企业所得税"的优惠政策，即"自2019年1月1日至2021年12月31日，对小型微利企业年应纳税所得额不超过100万元的部分，减按25%计入应纳税所得额，按20%的税率缴纳企业所得税"，本季度根据税务机关核定，因本优惠政策，少预缴企业所得税_____元。

3. 享受了"增值税小规模纳税人减免资源税等'六税两费'"的优惠政策，即"自2019年1月1日至2021年12月31日，由省、自治区、直辖市人民政府根据本地区实际情况，以及宏观调控需要确定，对增值税小规模纳税人可以在50%的税额幅度内减征资源税、城市维护建设税、房产税、城镇土地使用税、印花税（不含证券交易印花税）、耕地占用税和教育费附加、地方教育附加"。按照江苏省人民政府《关于贯彻实施小微企业普惠性税收减免政策的通知》，本企业执行50%的税额减征。因本优惠政策，城市维护建设税和教育费附加、地方教育附加减征_____元。

三、财税管理指标分析

本季度增值税税负率____%，比上年□增加____%□减少____%；企业所得税税负率____%，比上年□增加____%□减少____%；主营业务利润税负率____%，比上年□增加____%□减少____%。与上年比较，整体上税负率大幅□上升□下降，主要原因是由于国家今年对小规模纳税人给予税收优惠政策。

四、纳税管理分析结论（下列 5 个结论中有 3 个是正确的，请将正确的选出，形成你的阅读结论）

☐ 1. 本季度税负大幅降低，小微企业普惠性税收减免政策的实施给本企业发展带来实质利好。

☐ 2. 本季度税负大幅上升，小微企业普惠性税收减免政策的实施并未给本企业发展带来实质利好。

☐ 3. 本季度增值税税负率、企业所得税税负率、主营业务利润税负率都有相当大幅度的下降，增加了企业净利润，有利于企业资金营运。

☐ 4. 本季度增值税税负率、企业所得税税负率、主营业务利润税负率虽然有相当大幅度的下降，但是这属于国家税收政策的调整，对企业净利润和资金营运没有影响。

☐ 5. 财税管理工作规范化程度提升，能及时关注国家财税政策变化，充分运用税收优惠政策，公司管理会计水平得到提升。

五、纳税管理建议（在下列所给的建议中请选择你认为正确的，或写出你的建议）

☐ 1. 成立纳税管理小组，结合本企业的经营特点，建立定期开展研究税收政策例会制度，及时关注国家、省有关税收政策变化，及时研究和用足、用好税收优惠政策，这些是本公司财务管理的重点工作。

☐ 2. 对本公司是否继续保持自开专用发票、增值税是按季申报还是按月申报等具体政策进行研究和比较，形成下一年度的对本公司纳税管理有利的具体政策方案。

☐ 3. 从本季度纳税总体情况看，税负率虽有下降，但对企业的利润水平和资金营运影响不大，现行的纳税管理政策和方式不宜变动。

4. 其他建议（学生自由发挥）。

以上纳税管理分析结论仅作为本公司经营管理决策的参考依据,需要与其他财务管理分析结论结合使用。

            年 月 日

训练案例 2

DFT 有限责任公司纳税管理分析报告

（小规模纳税人）

案例资料

一、企业基本资料

1. DFT 有限责任公司为小规模纳税人，公司经营所在地为江苏省徐州市，同时在临近异地地区设有非独立核算分支公司经营点。公司以经营商品房销售中介咨询服务为主营业务，兼营商品房二手房屋买卖，纳税人识别号（统一社会信用代码）为 92380355FR2E7FP8XA。

2. 公司建章建制，及时编报财务会计报表，税务机关对本企业纳税实行自行申报、税务机关查账征收管理方式。

3. 经税务机关核定，本企业应缴增值税按季纳税申报，经税务局核定审批可以开具增值税普通发票。

4. 经税务机关核定，本企业应缴企业所得税实行分季预缴、年终汇算清缴方式。按季预缴方式按照缴纳期限实际数预缴。

5. 随增值税、消费税附征的城市维护建设税、教育费附加等税费，实行按季申报，所在城市的城市维护建设税率为7%，教育费附加征收率为3%，地方教育附加征收率为2%。根据《关于实施小微企业普惠性税收减免政策的通知》精神，对小规模纳税人核定城市维护建设税、教育费附加等税费减征50%。

6. 会计核算执行《小企业会计制度》。

二、2019 年主要经营业务及相关税费申报情况

1. 根据企业 2019 年第一季度利润表等财务报表资料整理，本季度企业主要财务数据如下：

（1）本季度共实现不含税销售收入 38 万元，其中提供房屋买卖中介咨询服务不含税销售收入 31 万元（开具增值税普通发票）。

（2）在本省异地城市泰州市高新经济开发区销售不动产实现销售额 7 万元（开具增值税普通发票）。

（3）本季度营业收入 38 万元，营业成本 22.43 万元，其他期间费用 4.793 2 万元；实现主营业务利润 10.7 万元，未发生其他营业外收支业务。

根据《关于实施小型微利企业普惠性所得税减免政策有关问题的公告》（国家税务总局公告 2019 年第 2 号）"自 2019 年 1 月 1 日至 2021 年 12 月 31 日，对小型微利企业年应纳税所得额不超过 100 万元的部分，减按 25% 计入应纳税所得额，按 20% 的税率缴纳企业所得税"精神，向税务机关申报并核准，符合小型微利企业条件，按照截至本期申报所属期末累计情况计算享受小型微利企业所得税减免政策，执行此普惠性优惠政策。

（4）本季度初资产总规模为 232.11 万元，3 月 31 日资产总规模为 244.78 万元。

2. 其他相关资料：

（1）2019 年 2 月，招用自主就业退役士兵 2 名，采用 1 年 1 签的劳动合同方式与其签订劳动合同 1 年，并依法缴纳社会保险费。但因办理缴纳社会保险费的手续尚未办好，因此应享受的税务优惠尚未向税务机关申报审批。

（2）在以往年度，本企业增值税税负率最低值为 2.77%，企业所得税税负率最低值为 3.45%，主营业务利润税负率最低值为 15.7%。

（3）本企业 2019 年 1 月 1 日从业人数 23 人，2019 年 2 月招工录用

4人，其中2人为就业退伍士兵，2019年3月31日从业人数27人。

（4）纳税申报日期为2019年4月10日。

1. 阅读该企业案例相关资料，分析并填制该企业第一季度的《增值税纳税申报表》《企业所得税月（季）度预缴纳税申报表》《城市维护建设税、教育费附加、地方教育附加申报表》，完成纳税申报表填制和分析相关填空部分。

2. 根据本季度纳税信息，填制下列纳税管理分析报告中的空白部分，有所给并列可选择答案的，在正确答案前的□中打"√"，形成完整的纳税管理分析报告。

一、增值税纳税申报表填制与分析

1. 本公司按季纳税，本季度合计不含税销售收入_____元，超过了_____元免税标准。剔除销售不动产后的销售额_____元，超过_____元，因此，提供房屋买卖中介咨询服务不含税销售收入_____元不符合享受小规模纳税人免税政策，应全额纳税，应纳增值税额为_____元。

2. 销售不动产按现行规定应当在不动产所在地预缴增值税，由于该纳税人在泰州市高新经济开发区实现的销售额_____万元未超过_____万元，无须预缴。

3. 提供服务的不含税收入_____元开具了增值税普通发票，应填入申报表中"服务、不动产和无形资产"项的"应征增值税不含税销售额（3%征收率）"和"税控器具开具的普通发票不含税销售额"这两栏次。销售不动产_____元，应填入"应征增值税不含税销售额（5%征收率）"这一栏次，应缴增值税额为_____元。

二、企业所得税预缴申报填制分析

本企业的应缴企业所得税采用分季预缴、年终汇算清缴的缴纳方式，预缴采用按照缴纳期限实际数预缴；本季度营业收入_____元，营业成本_____元，预缴应税所得额为_____元，应纳所得税额为_____元，根据"自2019年1月1日至2021年12月31日，对小型微利企业年应纳税所得额不超过100万元的部分，减按25%计入应纳税所得额，按20%的税率缴纳企业所得税，对年应纳税所得额超过100万元但不超过300万元的部分，减按50%计入应纳税所得额，按20%的税率缴纳企业所得税"的税收优惠政策文件精神，减免所得税额_____元，本季度实际已缴纳所得税额_____元。

三、城市维护建设税、教育费附加、地方教育附加申报表填制分析

按照江苏省人民政府《关于贯彻实施小微企业普惠性税收减免政策的通知》，江苏省对城市维护建设税和教育费附加、地方教育附加等"六税两费"执行50%的税额减征，因本优惠政策，本季度应缴纳城市维护建设税_____元，教育费附加_____元，地方教育附加_____元。

四、本季度纳税管理指标计算分析

1. 本季度增值税税负率 =（本季度应缴纳增值税额÷不含税销售收入）×100% = _____ = _____。

2. 本季度企业所得税税负率 =（本季度应缴纳企业所得税额÷不含税销售收入）×100% = _____ = _____。

3. 主营业务利润税负率 =（本季度应纳税额÷本季度主营业务利润）×100% = _____ = _____。

增值税纳税申报表

(小规模纳税人适用)

纳税人识别号：
纳税人名称（公章）：　　　　　　　　　　　　　　　　　金额单位：元至角分
税款所属期：　　年　月　日至　　年　月　日　　　　　填表日期：　　年　月　日

	项　目	栏次	本期数		本年累计	
			货物及劳务	服务、不动产和无形资产	货物及劳务	服务、不动产和无形资产
一、计税依据	（一）应征增值税不含税销售额（3%征收率）	1				
	税务机关代开的增值税专用发票不含税销售额	2				
	税控器具开具的普通发票不含税销售额	3				
	（二）应征增值税不含税销售额（5%征收率）	4	—		—	
	税务机关代开的增值税专用发票不含税销售额	5	—		—	
	税控器具开具的普通发票不含税销售额	6	—		—	
	（三）销售使用过的固定资产不含税销售额	7（7≥8）		—		—
	其中：税控器具开具的普通发票不含税销售额	8		—		—
	（四）免税销售额	9 = 10 + 11 + 12				
	其中：小微企业免税销售额	10				
	未达起征点销售额	11				
	其他免税销售额	12				
	（五）出口免税销售额	13（13≥14）				
	其中：税控器具开具的普通发票销售额	14				
二、税款计算	本期应纳税额	15				
	本期应纳税额减征额	16				
	本期免税额	17				
	其中：小微企业免税额	18				
	未达起征点免税额	19				
	应纳税额合计	20 = 15 − 16				
	本期预缴税额	21			—	—
	本期应补（退）税额	22 = 20 − 21			—	—

续表

纳税人或代理人声明：	如纳税人填报，由纳税人填写以下各栏：
本纳税申报表是根据国家税收法律法规及相关规定填报的，我确定它是真实的、可靠的、完整的。	办税人员：　　　　　　　　财务负责人： 法定代表人：　　　　　　　　联系电话： 如委托代理人填报，由代理人填写以下各栏： 代理人名称（公章）：经办人： 　　　　　　　　　　　　　　联系电话：

主管税务机关：　　　　　　　　接收人：　　　　　　　　接收日期：

A200000　中华人民共和国企业所得税月（季）度预缴纳税申报表（A类）

税款所属期间：　　年　月　日至　　年　月　日

纳税人识别号（统一社会信用代码）：
纳税人名称：　　　　　　　　　　　　　　　　金额单位：人民币元（列至角分）

预缴方式	□ 按照实际利润额预缴	□ 按照上一纳税年度应纳税所得额平均额预缴 □ 按照税务机关确定的其他方法预缴
企业类型	□ 一般企业	□ 跨地区经营汇总纳税企业总机构 □ 跨地区经营汇总纳税企业分支机构

预缴税款计算		
行次	项　　目	本年累计金额
1	营业收入	
2	营业成本	
3	利润总额	
4	加：特定业务计算的应纳税所得额	
5	减：不征税收入	
6	减：免税收入、减计收入、所得减免等优惠金额（填写A201010）	
7	减：固定资产加速折旧（扣除）调减额（填写A201020）	
8	减：弥补以前年度亏损	
9	实际利润额（3+4-5-6-7-8）\ 按照上一纳税年度应纳税所得额平均额确定的应纳税所得额	
10	税率（25%）	
11	应纳所得税额（9×10）	
12	减：减免所得税额（填写A201030）	
13	减：实际已缴纳所得税额	

续表

预缴税款计算

行次	项目	本年累计金额
14	减：特定业务预缴（征）所得税额	
15	本期应补（退）所得税额（11－12－13－14）\ 税务机关确定的本期应纳所得税额	

汇总纳税企业总分机构税款计算

行次		项目	本年累计金额
16	总机构填报	总机构本期分摊应补（退）所得税额（17＋18＋19）	
17		其中：总机构分摊应补（退）所得税额（15×总机构分摊比例＿＿％）	
18		财政集中分配应补（退）所得税额（15×财政集中分配比例＿＿％）	
19		总机构具有主体生产经营职能的部门分摊所得税额（15×全部分支机构分摊比例＿＿％×总机构具有主体生产经营职能部门分摊比例＿＿％）	
20	分支机构填报	分支机构本期分摊比例	
21		分支机构本期分摊应补（退）所得税额	

附报信息

高新技术企业	□是 □否	科技型中小企业	□是 □否
技术入股递延纳税事项	□是 □否		
季初从业人数		季末从业人数	
季初资产总额（万元）		季末资产总额（万元）	
国家限制或禁止行业	□是 □否	小型微利企业	□是 □否

谨声明：本纳税申报表是根据国家税收法律法规及相关规定填报的，是真实的、可靠的、完整的。

纳税人（签章）：略　　　　　　　　　　年　月　日

经办人：略
经办人身份证号：略
代理机构签章：
代理机构统一社会信用代码：

受理人：
受理税务机关（章）：
受理日期：　　年　月　日

国家税务总局监制

城市维护建设税　教育费附加　地方教育附加申报表

税款所属期限：自　　年　月　日至　　年　月　日

纳税人识别号（统一社会信用代码）：

纳税人名称：　　　　　　　　　　　　　　　　　　金额单位：人民币元（列至角分）

本期是否适用增值税小规模纳税人减征政策（减免性质代码_城市维护建设税：07049901，减免性质代码_教育费附加：61049901，减免性质代码_地方教育附加：99049901）	□ 是 □ 否	减征比例_城市维护建设税（%）	
		减征比例_教育费附加（%）	
		减征比例_地方教育附加（%）	
本期是否适用试点建设培育产教融合型企业抵免政策	□ 是 □ 否	当期新增投资额	
		上期留抵可抵免金额	
		结转下期可抵免金额	

税（费）种	计税（费）依据				税率（征收率）	本期应纳税（费）额	本期减免税（费）额		本期增值税小规模纳税人减征额	试点建设培育产教融合型企业		本期已缴税（费）额	本期应补（退）税（费）额
	增值税		消费税	营业税			减免性质代码	减免税（费）额		减免性质	本期抵免金额		
	一般增值税	免抵税额		合计									
	1	2	3	4	5=1+2+3+4	6	7	8	9	10	11	12	13	14=7-9-10-12-13
城建税											—			
教育费附加														
地方教育附加														
—														
合计			—		—									

谨声明：本申报表是根据国家法律法规及相关规定填报的，是真实的、可靠的、完整的。

纳税人（签章）：　　　　　　　　　　　　　　　　　　年　　月　　日

经办人：　　　　　　　　　　　　　　　　　受理人：
经办人身份证号：　　　　　　　　　　　　　受理税务机关（章）：
代理机构签章：　　　　　　　　　　　　　　受理日期：　　年　月　日
代理机构统一社会信用代码：

四、纳税管理分析报告

DFT 有限责任公司 2019 年第一季度纳税管理分析报告

公司领导及公司全体股东：

根据本公司 2019 年第一季度财务会计报表及纳税申报表所列示的相关数据和资料，结合日常财税管理工作分析总结，现就本公司纳税管理以及相关财税管理建议报告如下：

（一）本季度纳税状况

1. 增值税纳税情况。本公司按季纳税，本季度合计不含税销售收入 _____ 元，超过了 300 000 元免税标准。剔除销售不动产后的销售额 _____ 元，仍超过 300 000 元免税标准，因此，提供房屋买卖中介咨询服务不含税销售收入 _____ 元 □ 符合 □ 不符合享受小规模纳税人免税政策，应 □ 按照全额 310 000 元纳税 □ 按照超过 300 000 元的差额 10 000 元纳税，应纳增值税额为 □ 9 300 元 □ 300 元。销售不动产按现行规定应当在不动产所在地预缴增值税，由于该纳税人在泰州市高新经济开发区实现的销售额 _____ 元未超过 100 000 万元，无须预缴；对于销售不动产 _____ 元，□ 应填入应征增值税不含税销售额，应缴增值税 3 500 元 □ 无须缴增值税。因此，本期应缴纳增值税额为 _____ 元。

2. 企业所得税纳税情况。经税务机关具体核定，本企业应缴企业所得税采用分季预缴、年终汇算清缴的缴纳方式，按照缴纳期限实际数预缴，本季度预缴应税所得额为 _____ 元，应纳所得税额 _____ 元。根据《关于实施小微企业普惠性税收减免政策的通知》和《关于实施小型微利企业普惠性所得税减免政策有关问题的公告》的税收政策文件精神，减免所得税额 _____ 元，本季应缴纳所得税额 _____ 元。

3. 其他税费缴纳情况。本季度应缴纳城市维护建设税_____元，教育费附加_____元，地方教育附加_____元。根据《关于实施小微企业普惠性税收减免政策的通知》和《关于实施小型微利企业普惠性所得税减免政策有关问题的公告》的税收政策文件精神，减免缴纳城市维护建设税_____元，教育费附加_____元，地方教育附加_____元。

(二) 本季度享受纳税优惠政策情况

根据《关于实施小微企业普惠性税收减免政策的通知》(财税〔2019〕13号)、《关于小规模纳税人免征增值税政策有关征管问题的公告》(国家税务总局公告2019年第4号) 文件精神，本公司本季度享受如下纳税优惠政策，共减免应纳税额_____元。

1. 享受了"小型微利企业减免企业所得税"的优惠政策，即"自2019年1月1日至2021年12月31日，对小型微利企业年应纳税所得额不超过100万元的部分，减按25%计入应纳税所得额，按20%的税率缴纳企业所得税"，本季度根据税务机关核定，因本优惠政策，少预缴企业所得税_____元。

2. 享受了"增值税小规模纳税人减免资源税等'六税两费'"的优惠政策，即"自2019年1月1日至2021年12月31日，由省、自治区、直辖市人民政府根据本地区实际情况，以及宏观调控需要确定，对增值税小规模纳税人可以在50%的税额幅度内减征资源税、城市维护建设税、房产税、城镇土地使用税、印花税 (不含证券交易印花税)、耕地占用税和教育费附加、地方教育附加"。按照江苏省人民政府《关于贯彻实施小微企业普惠性税收减免政策的通知》，本企业执行50%的税额减征。因本优惠政策，城市维护建设税和教育费附加、地方教育附加减征_____元。

(三) 本季度尚未享受纳税优惠政策情况

根据《关于进一步扶持自主就业退役士兵创业就业有关税收政策的通

知》（财税〔2019〕21 号）第二条、第五条、第六条规定，"2019 年 1 月 1 日至 2021 年 12 月 31 日，招用自主就业退役士兵，与其签订 1 年以上期限劳动合同并依法缴纳社会保险费的，自签订劳动合同并缴纳社会保险当月起，在 3 年内按实际招用人数予以定额依次扣减增值税、城市维护建设税、教育费附加、地方教育附加和企业所得税优惠。定额标准为每人每年 6 000 元，最高可上浮 50%"，本季度招用自主就业退役士兵 2 名，因_____的原因，应享受的税务优惠尚未向税务机关申报审批。

（四）财税管理指标分析

本季度增值税税负率_____%，与以往年度增值税税负率最低值_____%相比较，本季度增值税税负率□增加   %□减少   %，主要原因是□国家今年对小规模纳税人给予税收优惠政策 □因销售收入大幅增加而未能享受小微企业增值税税收优惠政策。企业所得税税负率_____%，与以往年度企业所得税税负率最低值_____%相比较，□增加 %□减少 %。本季度纳税总额为_____元，主营业务利润为_____元，主营业务利润税负率_____%，与以往年度主营业务利润税负率最低值_____%相比较，整体上税负率 □上升 □下降。

（五）纳税管理分析结论（下列 5 个结论中有 3 个是正确的，请将正确的选出，形成你的阅读结论）

□1. 本季度增值税税负率提升的主要原因是企业经营收入规模扩大，销售收入大幅增加，未能享受小微企业增值税税收优惠政策。

□2. 本季度企业所得税税负率下降，主要原因是《关于实施小微企业普惠性税收减免政策的通知》中的税收优惠并未给本企业发展带来实质利好。

□3. 本季度增值税税负率、企业所得税税负率、主营业务利润税负率都有相当大幅度的下降，增加了企业净利润，有利于企业资金营运。

☐ 4. 企业所得税税负率有相当大幅度的下降，但本季度增值税税负率、主营业务利润税负率都有所上升，说明国家税收优惠政策对企业净利润和资金营运没有利好影响。

☐ 5. 本公司加强管理会计水平，财税管理工作规范化程度提升，能及时关注国家财税政策变化，充分运用税收优惠政策。

（六）纳税管理建议（在下列所给的建议中请选择你认为正确的，或写出你的建议）

☐ 1. 成立纳税管理小组，结合本企业的经营特点，建立定期开展研究税收政策例会制度，及时关注国家、省有关税收政策变化，及时研究和用足、用好税收优惠政策，这些是本公司财务管理的重点工作。

☐ 2. 根据《关于进一步扶持自主就业退役士兵创业就业有关税收政策的通知》的税收优惠政策，及时办理退役士兵就业有关税收优惠的申报。

☐ 3. 从本季度纳税总体情况看，税负率有降有升，税收优惠政策对企业的利润水平和资金营运影响不大，现行的纳税管理政策和方式不宜变动。

4. 其他建议（学生自由发挥）。

以上纳税管理分析结论仅作为本公司经营管理决策的参考依据，需要与其他财务管理分析结论结合使用。

年　　月　　日

训练案例 3

AFSR 有限责任公司纳税管理分析报告

（一般纳税人）

 案例资料

一、企业基本资料

1. AFSR 有限责任公司为一般纳税人，公司经营所在地为江苏省徐州市。公司经营商业性广场综合业务，以经营商品批发、商品房经销和写字楼租赁为主营业务，纳税人识别号（统一社会信用代码）为 92389356FR7E7FP5XA。

2. 公司建章建制，及时编报财务会计报表，税务机关对本企业纳税实行自行申报、税务机关查账征收管理方式。

3. 经税务机关核定，本企业缴纳增值税按月纳税申报，销售货物和不动产业务选择一般计税方法，出租其 2016 年 4 月 30 日前取得的写字楼租赁业务选择适用简易计税方法，经税务局核定审批可以开具增值税专用发票、增值税普通发票。

4. 经税务机关核定，本企业的企业所得税实行分月预缴、年终汇算清缴方式，按照缴纳期限实际数预缴。

5. 随增值税、消费税附征的城市维护建设税、教育费附加等税费，实行按月申报，所在城市的城市维护建设税税率为 7%，教育费附加征收率为 3%，地方教育附加征收率为 2%。

6. 会计核算执行《企业会计准则》和《企业会计制度》。

二、2019 年 8 月主要经营业务

根据本月财务会计报表等相关资料合计,本月发生以下经济业务:

1. 销售货物,不含税销售额为 200 万元,均给购货方开具了增值税专用发票。

2. 销售不动产(经营铺面),含税销售额 327 万元(不含税销售额 300 万元),并给购买方开具了增值税普通发票。

3. 提供写字楼租赁服务(适用简易计税方法),含税销售额 52.5 万元(不含税销售额 50 万元),给对方开具了增值税专用发票。

4. 购进楼房一栋(不动产),用于生产经营活动,取得增值税专用发票 1 张,票面合计不含税金额 150 万元,税额 13.5 万元。

5. 购进货物,用于生产经营活动,取得增值税专用发票 2 张,票面合计不含税金额 120 万元,税额 15.6 万元。

6. 本月营业收入总计 550 万元,营业成本 309.347 8 万元,期间费用 94.392 3 万元,税金及附加 3.144 万元,实现利润 143.115 9 万元,本月无其他营业外收支活动。

三、在 2018 年度决算时计算的纳税管理相关指标

年度	纳税管理指标			
	增值税税负率	企业所得税税负率	利润税负率(仅包括应缴纳增值税和企业所得税额)	销售利润率
2018	4.77%	2.42%	69.96%	9.71%

四、在 2019 年 9 月 15 日进行 2019 年 8 月的纳税申报

1. 企业相关税费申报表列示如下:

(1)销项税额填报《增值税纳税申报表附列资料(一)》(本期销售情况明细),见表一(为排版方便,本表部分栏调整)。

(2)进项税额填报《增值税纳税申报表附列资料(二)》(本期进项税额明细),见表二。

（3）《增值税纳税申报表（一般纳税人适用）》，见表三。

（4）《企业所得税月（季）度预缴纳税申报表（A类）》，见表四。

（5）《城市维护建设税、教育费附加、地方教育附加申报表》，见表五。

2. 依据2019年深化增值税改革相关政策的特别业务处理情况：

（1）截至2019年3月所属期，企业尚未抵扣完毕的不动产待抵扣进项税额为9万元，根据《关于深化增值税改革有关政策的公告》（财政部税务总局海关总署公告2019年第39号）文件精神，在8月一次性转入。

（2）2016年5月10日购进的不动产在8月改变用途，用作职工饭堂，该不动产已抵扣进项税额11万元，不动产净值为80万元，不动产原值为100万元。根据《关于深化增值税改革有关事项的公告》（国家税务总局公告2019年第14号）文件要求，已抵扣进项税额的不动产改变用途，按照下列公式计算不得抵扣的进项税额，并从当期进项税额中扣减：

不得抵扣的进项税额 = 已抵扣进项税额 × 不动产净值率

不动产净值率 =（不动产净值 ÷ 不动产原值）×100%

（3）从2019年4月1日起执行新的增值税税率和征收率，适用一般计税方法项目应纳税额计算的销售货物的税率是13%，销售不动产税率9%，适用简易计税项目不动产租赁服务征收率是5%。

（4）该企业上期没有留抵税额，且不适用加计抵减政策。

表一 值税纳税申报表附列资料（一）

（本期销售情况明细）

纳税人名称：（公章）

税款所属时间：2019年8月1日至2019年8月31日

金额单位：元至角分

项目及栏次		开具增值税专用发票		开具其他发票		合计			服务、不动产和无形资产项目本期实际扣除金额	扣除后	
		销售额	销项（应纳）税额	销售额	销项（应纳）税额	销售额 $9=1+3+5+7$	销项（应纳）税额 $10=2+4+6+8$	价税合计 $11=9+10$		含税（免税）销售额 $13=11-12$	销项（应纳）税额 14
		1	2	3	4				12		
一、一般计税方法计税	全部征税项目	13%税率的货物及加工修理修配劳务 1	2 000 000	260 000			2 000 000	260 000	—	—	—	—
		13%税率的服务、不动产和无形资产 2										
		9%税率的货物及加工修理修配劳务 3										
		9%税率的服务、不动产和无形资产 4			3 000 000	270 000	3 000 000	270 000	3 270 000	0	3 270 000	270 000
		6%税率 5										

续表

项目及栏次		开具增值税专用发票		开具其他发票		合计		价税合计	服务、不动产和无形资产扣除项目本期实际扣除金额	扣除后	
		销售额	销项(应纳)税额	销售额	销项(应纳)税额	销售额	销项(应纳)税额			含税(免税)销售额	销项(应纳)税额
		1	2	3	4	9=1+3+5+7	10=2+4+6+8	11=9+10	12	13=11-12	14
其中:即征即退项目	即征即退货物及加工修理修配劳务 6	—	—	—	—			—	—	—	—
	即征即退服务、不动产和无形资产 7	—	—	—	—			—	—	—	—
二、简易计税方法计税 全部征税项目	6%征收率 8										
	5%征收率的货物及加工修理修配劳务 9a										
	5%征收率的服务、不动产和无形资产 9b	500 000	25 000			500 000	25 000	525 000	0	525 000	25 000
	4%征收率 10							—	—	—	—
	3%征收率的货物及加工修理修配劳务 11							—	—	—	—
	3%征收率的服务、不动产和无形资产 12										

续表

项目及栏次		开具增值税专用发票		开具其他发票		合计			服务、不动产和无形资产扣除项目本期实际扣除金额	扣除后	
		销售额	销项(应纳)税额	销售额	销项(应纳)税额	销售额	销项(应纳)税额	价税合计		含税(免税)销售额	销项(应纳)税额
		1	2	3	4	9=1+3+5+7	10=2+4+6+8	11=9+10	12	13=11-12	14
二、简易计税方法计税	全部征税项目										
	预征率 %	13a									
	预征率 %	13b									
	预征率 %	13c				—	—	—	—	—	—
	其中:即征即退加工修理修配劳务及货物	14		—	—				—	—	—
	即征即退服务、不动产和无形资产项目	15		—	—				—	—	—

表二　增值税纳税申报表附列资料（二）

（本期进项税额明细）

税款所属时间：2019 年 8 月 1 日至 2019 年 8 月 31 日

纳税人名称：（公章）　　　　　　　　　　　　　　　　　　　　金额单位：元至角分

一、申报抵扣的进项税额				
项目	栏次	份数	金额	税额
（一）认证相符的增值税专用发票	1 = 2 + 3	2	2 700 000	291 000
其中：本期认证相符且本期申报抵扣	2	2	2 700 000	291 000
前期认证相符且本期申报抵扣	3			
（二）其他扣税凭证	4 = 5 + 6 + 7 + 8a + 8b	0	0	90 000
其中：海关进口增值税专用缴款书	5			
农产品收购发票或者销售发票	6			
代扣代缴税收缴款凭证	7			—
加计扣除农产品进项税额	8a		—	
其他	8b	0	0	90 000
（三）本期用于购建不动产的扣税凭证	9	1	1 500 000	135 000
（四）本期用于抵扣的旅客运输服务扣税凭证	10			
（五）外贸企业进项税额抵扣证明	11		—	
当期申报抵扣进项税额合计	12 = 1 + 4 + 11	1	2 700 000	381 000
二、进项税额转出额				
项目	栏次		税额	
本期进项税额转出额	13 = 14 至 23 之和		88 000	
其中：免税项目用	14			
集体福利、个人消费	15		88 000	
非正常损失	16			
简易计税方法征税项目用	17			
免抵退税办法不得抵扣的进项税额	18			
纳税检查调减进项税额	19			
红字专用发票信息表注明的进项税额	20			

续表

二、进项税额转出额		
项目	栏次	税额
上期留抵税额抵减欠税	21	
上期留抵税额退税	22	
其他应作进项税额转出的情形	23	

三、待抵扣进项税额				
项目	栏次	份数	金额	税额
（一）认证相符的增值税专用发票	24	—	—	—
期初已认证相符但未申报抵扣	25			
本期认证相符且本期未申报抵扣	26			
期末已认证相符但未申报抵扣	27			
其中：按照税法规定不允许抵扣	28			
（二）其他扣税凭证	29 = 30 至 33 之和			
其中：海关进口增值税专用缴款书	30			
农产品收购发票或者销售发票	31			
代扣代缴税收缴款凭证	32		—	
其他	33			
	34			

四、其他				
项目	栏次	份数	金额	税额
本期认证相符的增值税专用发票	35			
代扣代缴税额	36	—	—	

表三 增值税纳税申报表

(一般纳税人适用)

根据国家税收法律法规及增值税相关规定制定本表。纳税人不论有无销售额,均应按税务机关核定的纳税期限填写本表,并向当地税务机关申报。

税款所属时间:自 2019 年 8 月 1 日至 2019 年 8 月 31 日　　填表日期:2019 年 9 月 15 日　　金额单位:元至角分

纳税人识别号	92389356FR7E7FP5XA			所属行业:			
纳税人名称	AFSR 有限责任公司(公章)	法定代表人姓名	略	注册地址	略	生产经营地址	略
开户银行及账号	略	登记注册类型		略		电话号码	

	项 目	栏次	一般项目		即征即退项目	
			本月数	本年累计	本月数	本年累计
销售额	(一)按适用税率计税销售额	1	5 000 000	72 943 996.17		
	其中:应税货物销售额	2	2 000 000	42 029 693.54		
	应税劳务销售额	3				
	纳税检查调整的销售额	4				
	(二)按简易办法计税销售额	5	500 000	4 000 000		
	其中:纳税检查调整的销售额	6				
	(三)免、抵、退办法出口销售额	7			—	—
	(四)免税销售额	8			—	—
	其中:免税货物销售额	9			—	—
	免税劳务销售额	10			—	—
税款计算	销项税额	11	530 000	8 972 111.53		
	进项税额	12	381 000	5 977 323.48		
	上期留抵税额	13				
	进项税额转出	14	88 000	88 000		
	免、抵、退应退税额	15			—	—
	按适用税率计算的纳税检查应补缴税额	16				
	应抵扣税额合计	17 = 12 + 13 - 14 - 15 + 16	293 000	—		
	实际抵扣税额	18(如 17 < 11,则为 17,否则为 11)	293 000	5 889 323.48		
	应纳税额	19 = 11 - 18	237 000	3 082 788.05		

续表

项　目		栏次	一般项目		即征即退项目	
			本月数	本年累计	本月数	本年累计
税款计算	期末留抵税额	20 = 17 - 18				—
	简易计税办法计算的应纳税额	21	25 000	175 000		
	按简易计税办法计算的纳税检查应补缴税额	22				
	应纳税额减征额	23				
	应纳税额合计	24 = 19 + 21 - 23	262 000	3 257 788.05		
税款缴纳	期初未缴税额(多缴为负数)	25	254 656.23			
	实收出口开具专用缴款书退税额	26				
	本期已缴税额	27 = 28 + 29 + 30 + 31	254 656.23			
	① 分次预缴税额	28				
	② 出口开具专用缴款书预缴税额	29				
	③ 本期缴纳上期应纳税额	30	254 656.23			
	④ 本期缴纳欠缴税额	31				
	期末未缴税额(多缴为负数)	32 = 24 + 25 + 26 - 27	262 000	262 000		
	其中:欠缴税额(≥0)	33 = 25 + 26 - 27	—		—	—
	本期应补(退)税额	34 = 24 - 28 - 29	262 000	—		
	即征即退实际退税额	35	—	—		
	期初未缴查补税额	36		—		—
	本期入库查补税额	37		—		—
	期末未缴查补税额	38 = 16 + 22 + 36 - 37		—		—

授权声明	如果你已委托代理人申报,请填写下列资料: 为代理一切税务事宜,现授权 　　　　　　　　　　　　　　　　(地址) 为本纳税人的代理申报人,任何与本申报表有关的往来文件,都可寄予此人。 　　　　　　　　　　授权人签字:	申报人声明	本纳税申报表是根据国家税收法律法规及相关规定填报的,我确定它是真实的、可靠的、完整的。 　　　　　　　　　　声明人签字:

主管税务机关:　　　　　　　　　接收人:　　　　　　　　　接收日期:

表四 A200000 中华人民共和国企业所得税月（季）度预缴纳税申报表（A类）

税款所属期间：2019 年 8 月 1 日至 2019 年 8 月 31 日

纳税人识别号（统一社会信用代码）：92389356FR7E7FP5XA

纳税人名称：AFSR 有限责任公司（公章）　　　　　　金额单位：人民币元（列至角分）

预缴方式	☑ 按照实际利润额预缴　　☐ 按照上一纳税年度应纳税所得额平均额预缴 ☐ 按照税务机关确定的其他方法预缴	
企业类型	☑ 一般企业　　☐ 跨地区经营汇总纳税企业总机构 ☐ 跨地区经营汇总纳税企业分支机构	
预缴税款计算		
行次	项目	本年累计金额
1	营业收入	76 943 996.17
2	营业成本	61 418 829.64
3	利润总额	7 431 166.34
4	加：特定业务计算的应纳税所得额	
5	减：不征税收入	
6	减：免税收入、减计收入、所得减免等优惠金额（填写A201010）	
7	减：固定资产加速折旧（扣除）调减额（填写A201020）	
8	减：弥补以前年度亏损	
9	实际利润额（3+4-5-6-7-8）\ 按照上一纳税年度应纳税所得额平均额确定的应纳税所得额	7 431 166.34
10	税率（25%）	25%
11	应纳所得税额（9×10）	1 857 791.58
12	减：减免所得税额（填写A201030）	
13	减：实际已缴纳所得税额	1 500 001.83
14	减：特定业务预缴（征）所得税额	
15	本期应补（退）所得税额（11-12-13-14）\ 税务机关确定的本期应纳所得税额	357 789.75

续表

汇总纳税企业总分机构税款计算			
行次	项 目		本年累计金额
16	总机构填报	总机构本期分摊应补（退）所得税额（17+18+19）	
17		其中：总机构分摊应补（退）所得税额（15×总机构分摊比例____%）	
18		财政集中分配应补（退）所得税额（15×财政集中分配比例____%）	
19		总机构具有主体生产经营职能的部门分摊所得税额（15×全部分支机构分摊比例____%×总机构具有主体生产经营职能部门分摊比例____%）	
20	分支机构填报	分支机构本期分摊比例	
21		分支机构本期分摊应补（退）所得税额	
附 报 信 息			
高新技术企业	□是 ☑否	科技型中小企业	□是 ☑否
技术入股递延纳税事项	□是 ☑否		
按 季 度 填 报 信 息			
季初从业人数		季末从业人数	
季初资产总额（万元）		季末资产总额（万元）	
国家限制或禁止行业	□是 □否	小型微利企业	□是 □否

谨声明：本纳税申报表是根据国家税收法律法规及相关规定填报的，是真实的、可靠的、完整的。

纳税人（签章）：略　　　　　　　　　　　2019年9月15日

经办人：略　　　　　　　　　　　　　　　受理人：
经办人身份证号：略　　　　　　　　　　　受理税务机关（章）：
代理机构签章：　　　　　　　　　　　　　受理日期：　　年　　月　　日
代理机构统一社会信用代码：

国家税务总局监制

表五　城市维护建设税　教育费附加　地方教育附加申报表

税款所属期限：自 2019 年 8 月 1 日至 2019 年 8 月 31 日

纳税人识别号（统一社会信用代码）：92389356FR7E7FP5XA

纳税人名称：AFSR 有限责任公司（公章）　　　　金额单位：人民币元（列至角分）

本期是否适用增值税小规模纳税人减征政策（减免性质代码_城市维护建设税：07049901，减免性质代码_教育费附加：61049901，减免性质代码_地方教育附加：99049901）	□是 ☑否	减征比例_城市维护建设税（%）	0
		减征比例_教育费附加（%）	0
		减征比例_地方教育附加（%）	0
本期是否适用试点建设培育产教融合型企业抵免政策	□是 ☑否	当期新增投资额	
		上期留抵可抵免金额	
		结转下期可抵免金额	

税（费）种	计税（费）依据				税率（征收率）	本期应纳税（费）额	本期减免税（费）额		本期增值税小规模纳税人减征额	试点建设培育产教融合型企业		本期已缴税（费）额	本期应补（退）税（费）额
	增值税			合计			减免性质代码	减免税（费）额		减免性质	本期抵免金额		
	一般增值税	免抵税额	消费税	营业税									
	1	2	3	4	5=1+2+3+4	6	7	8	9	10	11	12	13	14=7-9-10-12-13
城建税	262 000				262 000	7%	18 340			—	—			18 340
教育费附加	262 000				262 000	3%	7 860							7 860
地方教育附加	262 000				262 000	2%	5 240							5 240
合计	—				—		31 440							3 1440

谨声明：本申报表是根据国家法律法规及相关规定填报的，是真实的、可靠的、完整的。

纳税人(签章):略　　　　　　　　　　　　　　　　2019 年 9 月 15 日

经办人:略	受理人：
经办人身份证号：	受理税务机关(章)：
代理机构签章：	受理日期：　年　月　日
代理机构统一社会信用代码：	

训练要求

1. 阅读该企业案例相关资料及该企业 2019 年 8 月《增值税纳税申报表》及其附表、《企业所得税月（季）度预缴纳税申报表》《城市维护建设税、教育费附加、地方教育附加申报表》等，完成训练作业中相关数据计算和分析中的填空部分。

2. 根据本月度纳税信息，填制下列纳税管理分析报告中的空白部分，有所给并列可选择答案的，在正确答案前的□中打"√"，形成完整的纳税管理分析报告。

一、增值税纳税申报数据计算和分析

1. 销售货物适用一般计税方法项目应纳税额计算，销售货物的税率是____，销项税额＝不含税销售额×税率＝_____＝____万元；销售不动产适用一般计税方法项目应纳税额计算，销售不动产税率是_____，销项税额＝含税销售额÷(1＋税率)×税率＝_____＝_____万元。综上，销项税额合计＝_____＝_____万元。

2. 不动产租赁适用简易计税项目应纳税额计算，不动产租赁服务征收率是_____，应纳增值税税额＝含税销售额÷(1＋征收率)×征收率＝_____＝_____万元。

3. 本期购进货物、购进不动产进项税额和前期待抵扣不动产进项税额一次性抵扣计算，本期进项税额＝_____＝_____万元。

4. 根据《关于深化增值税改革有关事项的公告》（国家税务总局公告 2019 年第 14 号）文件要求，已抵扣进项税额的不动产改变用途，计算不得抵扣的进项税额，并从当期进项税额中扣减。已抵扣不动产改变用途用于不可抵扣项目转出进项税额计算：本期进项税额转出＝不得抵扣的不动产进项税额＝已抵扣进项税额×不动产净值率＝_____＝_____万元。

5. 本期应纳增值税税额计算：一般计税方法应纳税额＝销项税额－（进项税额－进项税额转出）＝_____＝_____万元。本期应纳税额合计＝一般计税方法应纳税额＋简易计税办法应纳税额＝_____＝_____万元。

二、企业所得税预缴申报数据计算与分析

本企业的应缴企业所得税采用分月预缴、年终汇算清缴的缴纳方式，按照缴纳期限实际数预缴。本月度营业收入_____万元，营业成本_____万元，本月实现利润_____万元，本月应预缴所得税额＝本月计税所得额×所得税税率＝_____＝_____元。

三、城市维护建设税、教育费附加、地方教育附加申报数据计算与分析

本公司随增值税、消费税附征的城市维护建设税、教育费附加等税费，实行按月申报，应缴城市维护建设税税率为7%，教育费附加征收率为3%，地方教育附加征收率为2%。本月应缴城市维护建设税＝_____＝_____元；应缴教育费附加＝_____＝_____元；应缴地方教育费附加＝_____＝_____元。

四、本年度税负指标数据计算与分析

截止到本月，增值税税负率＝（累计应缴纳增值税额÷不含税的累计实际销售收入）×100%＝_____＝_____；企业所得税税负率＝（累计应缴纳所得税税额÷不含税的累计实际销售收入）×100%＝_____＝_____；利润税负率＝（累计应纳税

合计额÷累计利润总额）×100% ＝ ＿＿＿＿＿＿＿＿＿＿＿＿＿ ＝ ＿＿＿＿＿；

销售利润率＝（累计利润总额÷累计销售收入总额）×100% ＝ ＿＿＿＿ ＝ ＿＿＿＿＿＿。

五、纳税管理分析报告

AFSR 有限责任公司 2019 年 8 月纳税管理分析报告

公司领导及公司全体股东：

根据本公司 2019 年 8 月财务会计报表及纳税申报表所列示的相关数据和资料，结合日常财税管理工作情况，现就本公司纳税管理以及相关财税管理建议报告如下：

（一）本月度纳税状况

1. 增值税纳税情况。本月因销售货物和销售不动产，适用一般计税方法项目，计算销项税额为＿＿＿＿＿＿元。本期因购进货物、购进不动产取得的经税务部门核定的增值税专用发票注明进项税额为＿＿＿＿＿＿＿元。按照 2019 年深化增值税改革政策规定，前期待抵扣不动产进项税额可一次性抵扣计算，截至 2019 年 3 月所属期，企业尚未抵扣完毕的不动产待抵扣进项税额为 90 000 元，在 8 月一次性转入，本期进项税额合计为＿＿＿＿＿＿＿＿＿元。根据《关于深化增值税改革有关事项的公告》（国家税务总局公告 2019 年第 14 号）文件要求，已抵扣进项税额的不动产改变用途，计算不得抵扣的进项税额，并从当期进项税额中扣减。2016 年 5 月 10 日购进的不动产在本月改变用途，用作职工饭堂，该不动产已抵扣进项税额 110 000 元，本期进项税额转出＿＿＿＿＿＿＿元。不动产租赁按照简易计税项目应纳税额计算，应纳增值税税额为＿＿＿＿＿＿元。本期应纳增值税税额合计为＿＿＿＿＿元。

2. 企业所得税纳税情况。经税务机关具体核定，本企业应缴企业所得税采用_____的缴纳方式，按照_____预缴。本月度预缴应税所得额为_____元，应纳所得税额_____元。截至本月，本年累计计税所得额为_____元，应缴所得税_____元，已累计缴纳所得税_____元，本期末应缴所得税_____元。

3. 其他税费缴纳情况。本月应缴城市维护建设税_____元；应缴教育费附加_____元；应缴地方教育费附加_____元。

（二）本月享受纳税优惠政策情况

1. 根据《关于深化增值税改革有关政策的公告》（财政部税务总局海关总署公告2019年第39号）文件精神，"纳税人取得不动产或者不动产在建工程的进项税额不再分2年抵扣，此前按照上述规定尚未抵扣完毕的待抵扣进项税额，可自2019年4月税款所属期起从销项税额中抵扣"，截至2019年3月所属期，企业尚未抵扣完毕的不动产待抵扣进项税额为_____元，经税务机关核定批准，在本月一次性转入进项税额抵扣。

2. 根据《关于深化增值税改革有关政策的公告》，从2019年4月1日起，执行新的增值税税率和征收率，销售货物的税率调整为_____，销售不动产税率_____，适用简易计税项目不动产租赁服务征收率是_____。

3. 根据《关于进一步做好减税降费政策落实工作的通知》（税总发〔2019〕54号）和2019年度新出台的税收法规等文件精神，财务部门已经组织税收优惠管理研究小组，梳理企业所得税、车辆购置税等税收优惠政策，研究企业可享受税收优惠政策情况，待第三、四季度期间向税务机关办理税收优惠申报，故本期按照□实现实际利润额□税收优惠政策办理所得税预缴申报手续。

（三）财税管理指标分析

截至本月，本年度增值税税负率_____%，与上年度增值税税负率

_____%相比较,本年度增值税税负率□增加____%□减少____%;本年度企业所得税税负率_____%,与上年度企业所得税税负率_____%相比较,□增加____%□减少____%;本年度利润税负率_____%,与上年度利润税负率_____%相比较,整体上利润税负率□上升____%□下降____%;本年度销售利润率_____%,与上年度销售利润率_____%相比较,销售利润率□上升____%□下降____%。综合分析,企业所得税税负率变动不大,而利润税负率□上升□下降,增值税税负率□上升□下降,其主要原因是□国家深化增值税改革有关政策给予税收优惠□销售利润率下降。

(四)纳税管理分析结论(下列8个结论中有4个是正确的,请将正确的选出,形成你的阅读结论)

□1. 本年度增值税税负率提高、利润税负率上升的主要原因是本年度企业经营规模扩大,销售利润率增加。

□2. 本年度增值税税负率下降、利润税负率下降的主要原因是国家深化增值税改革有关政策给予税收优惠的利好已经显现。

□3. 本年度企业所得税税负税率下降,主要原因是执行《关于进一步做好减税降费政策落实工作的通知》的企业所得税税收优惠政策并给本企业发展带来实质利好。

□4. 本年度企业所得税税负率略有下降,是由于国家深化增值税改革有关政策给予税收优惠和本年度销售利润率下降综合因素形成的。

□5. 本年度增值税税负率、利润税负率都有相当大幅度的下降,增加了企业净利润,有利于企业资金营运。

□6. 本年度企业所得税税负率有相当大幅度的下降,但增值税税负率、利润税负率都有所上升,说明国家税收优惠政策对企业净利润和资金营运没有利好影响。

☐ 7. 在增值税税负率、利润税负率都有所下降的情况下，销售利润率也略有下降，说明本年度销售利润空间相对减少，应关注销售经营存在的不利因素。

☐ 8. 在增值税税负率、利润税负率都有所下降的情况下，销售利润率也略有下降，说明本年度销售盈利能力进一步增强，销售利润空间相对增加。

（五）纳税管理建议（在下列所给的建议中选择你认为正确的，或写出你的建议）

☐ 1. 成立纳税管理小组，抓紧梳理本年度国家新出台的相关税收法规政策，结合本企业的经营情况，寻找适用的税收优惠政策点，及时办理本年度企业所得税优惠申报工作，做好本年度企业所得税年度汇算清缴工作。

☐ 2. 认真学习《关于进一步做好减税降费政策落实工作的通知》文件精神，建立税收政策研究例会制度，及时关注国家、省有关税收政策变化，及时研究和用足、用好税收优惠政策，这些是目前本公司财务管理的重点工作。

☐ 3. 从本年度纳税总体情况看，税负率虽有所下降，但销售利润率也有所下降，应加强关注和研究销售利润率下降的主要原因，进一步降低成本、费用，提升经营成果。

4. 其他建议（学生自由发挥）。

以上纳税管理分析结论仅作为本公司经营管理决策的参考依据，需要与其他财务管理分析结论结合使用。

年　　月　　日

训练案例 4

EHJFM 有限责任公司纳税管理分析报告

（一般纳税人）

案例资料

一、企业基本资料

1. EHJFM 有限责任公司为一般纳税人，公司经营所在地为江苏省徐州市经济开发区。公司为设备制造企业，以生产和经营电子技术设备为主营业务，纳税人识别号（统一社会信用代码）为 92389768FR7E7FP5XB。

2. 公司建章建制，及时编报财务会计报表，税务机关对本企业纳税实行自行申报、税务机关查账征收管理方式。

3. 经税务机关核定，本企业缴纳增值税按月纳税申报，可以自行开具增值税专用发票、增值税普通发票。

4. 经税务机关核定，本企业的企业所得税实行季度预缴纳税申报、年终汇算清缴方式，按照缴纳期限实际数预缴。

5. 随增值税、消费税附征的城市维护建设税、教育费附加等税费，实行按月申报，所在城市的城市维护建设税税率为 7%，教育费附加征收率为 3%，地方教育附加征收率为 2%。

6. 会计核算执行《企业会计准则》和《企业会计制度》。

二、2019 年 10 月主要经营业务

根据本月财务会计报表等相关资料合计，本月发生以下经济业务：

1. 本月销售货物，不含税销售额为 520 万元，均给购货方开具了增值税专用发票。

2. 本月购进原材料及其他货物,取得增值税专用发票2张,注明价款200万元,增值税税额26万元。

3. 2018年10月购进的不动产用于生产经营活动,取得增值税专用发票,注明金额100万元,税额10万元,当月已认证,并按规定抵扣60%(6万元),剩余的40%(4万元)留待抵扣。依据2019年深化增值税改革相关政策,经公司财务会议确定,于2019年10月认证抵扣该笔进项税额。

4. 2019年6月10日购进设备一套,用于生产经营活动,取得增值税专用发票,注明金额100万元,税额9万元,在当月认证抵扣,会计上采用直线折旧法,折旧年限10年,预计残值为0。按照《关于设备、器具扣除有关企业所得税政策的通知》(财税〔2018〕54号)文件精神,经公司财务会议确定,于本季度办理企业所得税减税申报。

5. 2019年7月10日,响应市政府对"目标脱贫地区"进行扶贫攻坚的号召,企业通过徐州市人民政府捐赠扶贫攻坚专项支出15万元,根据《关于企业扶贫捐赠所得税税前扣除政策的公告》(财政部税务总局国务院扶贫办公告2019年第49号),准予在计算企业所得税应纳税所得额时据实扣除。

6. 2019年10月的财务会计报表有关资料如下:本月营业收入总计520万元,营业成本311.34万元,期间费用94.39万元,税金及附加4.512万元,实现主营业务利润109.758万元,本月无其他营业外收支活动。

三、第三季度(7—9月)有关财务和申报纳税资料

1. 本季度营业收入累计1 556万元,营业成本累计918.55万元,期间费用累计385.44万元,税金及附加14.199万元。本季度营业外支出额为15.7万元(含对"目标扶贫地区"公益性捐赠支出15万元),取得成

本法核算的被投资企业 DFY 有限公司分红 15 万元，实现利润总额为 237.111 万元。

2. 9 月份增值税纳税申报（部分）资料，见表一。

3. 第二季度企业所得税申报（部分）资料，见表二。

四、在 2018 年度决算时计算的纳税管理相关指标

年度	纳税管理指标		
	增值税税负率	企业所得税税负率	销售利润率
2018	6.77%	4.42%	19.71%

表一 9 月份增值税纳税申报（部分）资料

	项目	栏次	一般项目	
			本月数	本年累计
销售额	（一）按适用税率计税销售额	1	3 000 000	52 943 996.17
	其中：应税货物销售额	2	3 000 000	52 029 693.54
	（二）按简易办法计税销售额	5		
税款计算	销项税额	11	390 000	7 972 111.53
	进项税额	12	281 000	4 977 323.48
	上期留抵税额	13		
	进项税额转出	14		15 460.00
	免、抵、退应退税额	15		
	按适用税率计算的纳税检查应补缴税额	16		
	应抵扣税额合计	17 = 12 + 13 - 14 - 15 + 16	281 000	—
	实际抵扣税额	18（如 17 < 11，则为 17，否则为 11）	281 000	4 961 863.48
	应纳税额	19 = 11 - 18	281 000	3 010 248.05
	期末留抵税额	20 = 17 - 18		
	简易计税办法计算的应纳税额	21		

续表

<table>
<tr><th colspan="2">项 目</th><th>栏次</th><th colspan="2">一般项目</th></tr>
<tr><th colspan="2"></th><th></th><th>本月数</th><th>本年累计</th></tr>
<tr><td rowspan="3">税款计算</td><td>按简易计税办法计算的纳税检查应补缴税额</td><td>22</td><td></td><td></td></tr>
<tr><td>应纳税额减征额</td><td>23</td><td></td><td></td></tr>
<tr><td>应纳税额合计</td><td>24 = 19 + 21 − 23</td><td>281 000</td><td>3 010 248.05</td></tr>
<tr><td rowspan="9">税款缴纳</td><td>期初未缴税额（多缴为负数）</td><td>25</td><td>254 656.23</td><td></td></tr>
<tr><td>实收出口开具专用缴款书退税额</td><td>26</td><td></td><td></td></tr>
<tr><td>本期已缴税额</td><td>27 = 28 + 29 + 30 + 31</td><td>254 656.23</td><td>2 729 248.05</td></tr>
<tr><td>① 分次预缴税额</td><td>28</td><td></td><td>—</td></tr>
<tr><td>② 出口开具专用缴款书预缴税额</td><td>29</td><td></td><td>—</td></tr>
<tr><td>③ 本期缴纳上期应纳税额</td><td>30</td><td>254 656.23</td><td>2 729 248.05</td></tr>
<tr><td>④ 本期缴纳欠缴税额</td><td>31</td><td></td><td></td></tr>
<tr><td>期末未缴税额（多缴为负数）</td><td>32 = 24 + 25 + 26 − 27</td><td>281 000</td><td>281 000</td></tr>
<tr><td>其中：欠缴税额（≥0）</td><td>33 = 25 + 26 − 27</td><td></td><td>—</td></tr>
<tr><td colspan="2">本期应补（退）税额</td><td>34 = 24 − 28 − 29</td><td>281 000</td><td>—</td></tr>
</table>

表二　第二季度企业所得税预缴纳税申报（部分）资料

<table>
<tr><td>预缴方式</td><td colspan="2">☑ 按照实际利润额预缴　　□ 按照上一纳税年度应纳税所得额平均额预缴
□ 按照税务机关确定的其他方法预缴</td></tr>
<tr><td>企业类型</td><td colspan="2">☑ 一般企业　　□ 跨地区经营汇总纳税企业总机构
□ 跨地区经营汇总纳税企业分支机构</td></tr>
<tr><td colspan="3" align="center">预缴税款计算</td></tr>
<tr><td>行次</td><td>项 目</td><td>本年累计金额</td></tr>
<tr><td>1</td><td>营业收入</td><td>37 383 996.17</td></tr>
<tr><td>2</td><td>营业成本</td><td>21 512 429.56</td></tr>
<tr><td>3</td><td>利润总额</td><td>7 431 166.34</td></tr>
</table>

续表

	预缴税款计算	
行次	项　　目	本年累计金额
4	加:特定业务计算的应纳税所得额	
5	减:不征税收入	
6	减:免税收入、减计收入、所得减免等优惠金额(填写 A201010)	
7	减:固定资产加速折旧(扣除)调减额(填写 A201020)	
8	减:弥补以前年度亏损	
9	实际利润额(3+4-5-6-7-8)\按照上一纳税年度应纳税所得额平均额确定的应纳税所得额	7 431 166.34
10	税率(25%)	25%
11	应纳所得税额(9×10)	1 857 791.58
12	减:减免所得税额(填写 A201030)	986 572.16
13	减:实际已缴纳所得税额	
14	减:特定业务预缴(征)所得税额	
15	本期应补(退)所得税额(11-12-13-14)\税务机关确定的本期应纳所得税额	871 219.42

1. 阅读该企业案例相关资料及该企业 2019 年 9 月《增值税纳税申报表（部分）》、第二季度《企业所得税月（季）度预缴纳税申报表（部分）》，完成 10 月份《增值税纳税申报表》及附表、第三季度《企业所得税季度预缴纳税申报表》及其附表、10 月份《城市维护建设税、教育费附加、地方教育附加申报表》等申报表的填制，完成申报表中相关数据计算分析中的填空部分。

2. 根据本期纳税相关资料信息，填制下列纳税管理分析报告中的空白部分，有所给并列可选择答案的，在正确答案前的□中打"√"，形成完整的纳税管理分析报告。

注：本案例中纳税申报表附表部分仅体现填制部分的报表。

一、完成10月份《增值税纳税申报表》及附表、第三季度《企业所得税季度预缴纳税申报表》及其附表、10月份《城市维护建设税、教育费附加、地方教育附加申报表》等申报表的填制（填表日期为2019年11月10日，企业所得税预缴申报表填表日期为2019年10月12日）

1. 填制《增值税纳税申报表（一般纳税人适用）》及其附表部分表格资料，见表三、表三附表（1）、表三附表（2）。

2. 填制《企业所得税月（季）度预缴纳税申报表（A类）》及附表部分表格资料，见表四、表四附表。

3. 填制《城市维护建设税、教育费附加、地方教育附加申报表》资料，见表五。

表三 增值税纳税申报表

（一般纳税人适用）

根据国家税收法律法规及增值税相关规定制定本表。纳税人不论有无销售额，均应按税务机关核定的纳税期限填写本表，并向当地税务机关申报。

税款所属时间：自2019年10月1日至2019年10月31日　　填表日期：2019年11月10日　　金额单位：元至角分

纳税人识别号	92389768FR7E7FP5XB					所属行业：制造业	
纳税人名称	EHJFM有限责任公司		法定代表人姓名	略	注册地址	略	生产经营地址 略
开户银行及账号	略		登记注册类型		略	电话号码	

项　　目		栏次	一般项目		即征即退项目	
			本月数	本年累计	本月数	本年累计
销售额	（一）按适用税率计税销售额	1				
	其中：应税货物销售额	2				
	应税劳务销售额	3				

续表

项　　目		栏次	一般项目		即征即退项目	
			本月数	本年累计	本月数	本年累计
销售额	纳税检查调整的销售额	4				
	（二）按简易办法计税销售额	5				
	其中：纳税检查调整的销售额	6				
	（三）免、抵、退办法出口销售额	7			—	—
	（四）免税销售额	8			—	—
	其中：免税货物销售额	9			—	—
	免税劳务销售额	10			—	—
税款计算	销项税额	11				
	进项税额	12				
	上期留抵税额	13				
	进项税额转出	14				
	免、抵、退应退税额	15				
	按适用税率计算的纳税检查应补缴税额	16				
	应抵扣税额合计	17 = 12 + 13 − 14 − 15 + 16			—	—
	实际抵扣税额	18（如 17 < 11，则为 17，否则为 11）				
	应纳税额	19 = 11 − 18				
	期末留抵税额	20 = 17 − 18				
	简易计税办法计算的应纳税额	21				
	按简易计税办法计算的纳税检查应补缴税额	22			—	—
	应纳税额减征额	23				
	应纳税额合计	24 = 19 + 21 − 23				
缴纳税款	期初未缴税额（多缴为负数）	25	281 000			
	实收出口开具专用缴款书退税额	26			—	—
	本期已缴税额	27 = 28 + 29 + 30 + 31	281 000			
	①分次预缴税额	28			—	—
	②出口开具专用缴款书预缴税额	29			—	—
	③本期缴纳上期应纳税额	30	281 000			
	④本期缴纳欠缴税额	31				

续表

项目		栏次	一般项目		即征即退项目	
			本月数	本年累计	本月数	本年累计
缴纳税款	期末未缴税额(多缴为负数)	32 = 24 + 25 + 26 − 27				
	其中:欠缴税额(≥0)	33 = 25 + 26 − 27			—	—
	本期应补(退)税额	34 = 24 − 28 − 29			—	—
	即征即退实际退税额	35	—	—		
	期初未缴查补税额	36			—	—
	本期入库查补税额	37			—	—
	期末未缴查补税额	38 = 16 + 22 + 36 − 37			—	—
授权声明	如果你已委托代理人申报,请填写下列资料:为代理一切税务事宜,现授权 为本纳税人的代理申报人,任何与本申报表有关的往来文件,都可寄予此人。(地址) 授权人签字:	申报人声明	本纳税申报表是根据国家税收法律法规及相关规定填报的,我确定它是真实的、可靠的、完整的。 声明人签字:			

主管税务机关: 接收人: 接收日期:

表三附表(1) 增值税纳税申报表附列资料(一)

（本期销售情况明细）

项目及栏次			开具增值税专用发票		开具其他发票		合计		价税合计
			销售额	销项(应纳)税额	销售额	销项(应纳)税额	销售额	销项(应纳)税额	
			1	2	3	4	9 = 1 + 3 + 5 + 7	10 = 2 + 4 + 6 + 8	11 = 9 + 10
一、一般计税方法计税	全部征税项目	13%税率的货物及加工修理修配劳务	1						—
		13%税率的服务、不动产和无形资产	2						
		9%税率的货物及加工修理修配劳务	3						—
		9%税率的服务、不动产和无形资产	4						
		6%税率	5						

续表

项目及栏次			开具增值税专用发票		开具其他发票		合计		
			销售额	销项(应纳)税额	销售额	销项(应纳)税额	销售额	销项(应纳)税额	价税合计
			1	2	3	4	9=1+3+5+7	10=2+4+6+8	11=9+10
一、一般计税方法计税	其中：即征即退项目	即征即退货物及加工修理修配劳务	6	—					—
		即征即退服务、不动产和无形资产	7	—					—
二、简易计税方法计税	全部征税项目	6%征收率	8						—
		5%征收率的货物及加工修理修配劳务	9a						—
		5%征收率的服务、不动产和无形资产	9b						
		4%征收率	10						—
		3%征收率的货物及加工修理修配劳务	11						—
		3%征收率的服务、不动产和无形资产	12						
		预征率　%	13a						
		预征率　%	13b						
		预征率　%	13c						
	其中：即征即退项目	即征即退货物及加工修理修配劳务	14	—	—	—	—	—	—
		即征即退服务、不动产和无形资产	15	—	—	—	—	—	—

表三附表(2) 增值税纳税申报表附列资料(二)

（本期进项税额明细）

一、申报抵扣的进项税额				
项　目	栏次	份数	金额	税额
（一）认证相符的增值税专用发票	1＝2＋3	2		
其中：本期认证相符且本期申报抵扣	2	2		
前期认证相符且本期申报抵扣	3			
（二）其他扣税凭证	4＝5＋6＋7＋8a＋8b	0		
其中：海关进口增值税专用缴款书	5			
农产品收购发票或者销售发票	6			
代扣代缴税收缴款凭证	7		—	
加计扣除农产品进项税额	8a	—	—	
其他	8b			
（三）本期用于购建不动产的扣税凭证	9	1		
（四）本期用于抵扣的旅客运输服务扣税凭证	10			
（五）外贸企业进项税额抵扣证明	11	—	—	
当期申报抵扣进项税额合计	12＝1＋4＋11	1		
二、进项税额转出额				
项目	栏次			税额
本期进项税额转出额	13＝14至23之和			
其中：免税项目用	14			
集体福利、个人消费	15			
非正常损失	16			
简易计税方法征税项目用	17			
免抵退税办法不得抵扣的进项税额	18			
纳税检查调减进项税额	19			
红字专用发票信息表注明的进项税额	20			
上期留抵税额抵减欠税	21			
上期留抵税额退税	22			
其他应作进项税额转出的情形	23			

续表

三、待抵扣进项税额

项 目	栏次	份数	金额	税额
（一）认证相符的增值税专用发票	24	—	—	—
期初已认证相符但未申报抵扣	25			
本期认证相符且本期未申报抵扣	26			
期末已认证相符但未申报抵扣	27			
其中:按照税法规定不允许抵扣	28			
（二）其他扣税凭证	29＝30至33之和			
其中：海关进口增值税专用缴款书	30			
农产品收购发票或者销售发票	31			
代扣代缴税收缴款凭证	32			
其他	33			
	34			

四、其他

项 目	栏次	份数	金额	税额
本期认证相符的增值税专用发票	35			
代扣代缴税额	36	—		

表四　A200000　中华人民共和国企业所得税月（季）度预缴纳税申报表（A类）

税款所属期间：2019年7月1日至2019年9月30日

纳税人识别号（统一社会信用代码）：
纳税人名称：EHJEM有限责任公司　　　　　　　　　金额单位：人民币元（列至角分）

预缴方式	☑ 按照实际利润额预缴	□ 按照上一纳税年度应纳税所得额平均额预缴 □ 按照税务机关确定的其他方法预缴
企业类型	☑ 一般企业	□ 跨地区经营汇总纳税企业总机构 □ 跨地区经营汇总纳税企业分支机构

	预缴税款计算	
行次	项　　目	本年累计金额
1	营业收入	
2	营业成本	
3	利润总额	

续表

预缴税款计算		
行次	项　目	本年累计金额
4	加：特定业务计算的应纳税所得额	
5	减：不征税收入	
6	减：免税收入、减计收入、所得减免等优惠金额（填写 A201010）	
7	减：固定资产加速折旧（扣除）调减额（填写 A201020）	
8	减：弥补以前年度亏损	
9	实际利润额（3+4-5-6-7-8）\ 按照上一纳税年度应纳税所得额平均额确定的应纳税所得额	
10	税率（25%）	
11	应纳所得税额（9×10）	
12	减：减免所得税额（填写 A201030）	
13	减：实际已缴纳所得税额	
14	减：特定业务预缴（征）所得税额	
15	本期应补（退）所得税额（11-12-13-14）\ 税务机关确定的本期应纳所得税额	

汇总纳税企业总分机构税款计算			
行次		项　目	本年累计金额
16	总机构填报	总机构本期分摊应补（退）所得税额（17+18+19）	
17		其中：总机构分摊应补（退）所得税额（15×总机构分摊比例____%）	
18		财政集中分配应补（退）所得税额（15×财政集中分配比例____%）	
19		总机构具有主体生产经营职能的部门分摊所得税额（15×全部分支机构分摊比例____%×总机构具有主体生产经营职能部门分摊比例____%）	
20	分支机构填报	分支机构本期分摊比例	
21		分支机构本期分摊应补（退）所得税额	

附　报　信　息			
高新技术企业	□是 ☑否	科技型中小企业	□是 ☑否
技术入股递延纳税事项	□是 ☑否		

续表

按 季 度 填 报 信 息			
季初从业人数	234	季末从业人数	238
季初资产总额（万元）	3 907.56	季末资产总额（万元）	4 125.33
国家限制或禁止行业	□是 ☑否	小型微利企业	□是 ☑否
谨声明：本纳税申报表是根据国家税收法律法规及相关规定填报的，是真实的、可靠的、完整的。 　　　　　　　　　　　纳税人（签章）：略　　　　　　　2019 年 10 月 12 日			
经办人：略 经办人身份证号：略 代理机构签章： 代理机构统一社会信用代码：		受理人： 受理税务机关（章）： 受理日期：　　年　　月　　日	

国家税务总局监制

表四附表　A201020 固定资产加速折旧（扣除）优惠明细表

行次	项目	资产原值	本年累计折旧（扣除）金额			纳税调减金额	享受加速折旧优惠金额
			账载折旧金额	按照税收一般规定计算的折旧金额	享受加速折旧优惠计算的折旧金额		
		1	2	3	4	5	6 (4−3)
1	一、固定资产加速折旧（不含一次性扣除，2+3）						
2	（一）重要行业固定资产加速折旧						
3	（二）其他行业研发设备加速折旧						
4	二、固定资产一次性扣除						
5	合计（1+4）						

表五　城市维护建设税　教育费附加　地方教育附加申报表

税款所属期限：自 2019 年 10 月 1 日至 2019 年 10 月 30 日

纳税人识别号（统一社会信用代码）：
纳税人名称：　　　　　　　　　　　　　　　　金额单位：人民币元（列至角分）

本期是否适用增值税小规模纳税人减征政策（减免性质代码_城市维护建设税：07049901，减免性质代码_教育费附加：61049901，减免性质代码_地方教育附加：99049901）	□是 ☑否	减征比例_城市维护建设税（%）	0
		减征比例_教育费附加（%）	0
		减征比例_地方教育附加（%）	0
本期是否适用试点建设培育产教融合型企业抵免政策	□是 ☑否	当期新增投资额	
		上期留抵可抵免金额	
		结转下期可抵免金额	

税（费）种	计税（费）依据				税率（征收率）	本期应纳税（费）额	本期减免税（费）额		本期增值税小规模纳税人减征额	试点建设培育产教融合型企业		本期已缴税（费）额	本期应补（退）税（费）额
	增值税		消费税	营业税			减免性质代码	减免税（费）额		减免性质	本期抵免金额		
	一般增值税	免抵税额			合计								
	1	2	3	4	5=1+2+3+4	6	7	8	9	10	11	12	13	14=7-9-10-12-13
城建税											—	—		
教育费附加														
地方教育附加														
—														
合计			—		—									

谨声明：本申报表是根据国家法律法规及相关规定填报的，是真实的、可靠的、完整的。

纳税人（签章）：略　　　　　　　　　　　　2019 年 11 月 10 日

经办人：略
经办人身份证号：
代理机构签章：
代理机构统一社会信用代码：

受理人：
受理税务机关（章）：
受理日期：　　年　　月　　日

二、完成申报表中相关数据计算和分析中的填空部分

1. 增值税纳税申报数据计算和分析：

（1）销售货物适用一般计税方法项目应纳税额计算，销售货物的税率是_____，本月销项税额＝不含税销售额×税率＝_____＝_____元，本月购进货物的进项税额＝_____元。

（2）依据2019年深化增值税改革相关政策，2018年10月购进用于生产经营活动的不动产，取得增值税专用发票注明税额10万元，当月已认证，并按规定抵扣_____元。经公司财务会议确定，剩余的_____元于10月认证抵扣该笔进项税额。

（3）本期应纳增值税税额计算为：应纳税额＝销项税额－进项税额＝_____＝_____元。

2. 企业所得税预缴申报数据计算与分析：

（1）本企业的应缴企业所得税采用按季预缴、年终汇算清缴的缴纳方式，按照缴纳期限实际数预缴。第三季度营业收入_____元，营业成本_____元，本季度实现利润总额为_____元，未调整前的计税所得额为_____元。

（2）2019年6月10日购进用于生产经营活动的设备一套，增值税专用发票注明金额100万元，会计上采用直线折旧法，折旧年限10年，预计残值为0。按照《关于设备、器具扣除有关企业所得税政策的通知》（财税〔2018〕54号）文件精神，单位价值不超过500万元的，允许一次性计入当期成本费用在计算应纳税所得额时扣除，不再分年度计算折旧。经公司财务会议确定，于本季度办理企业所得税减税申报，则该设备会计上已经计提折旧额＝固定资产月折旧计提额×已计提月数＝_____＝_____元，则在本季度应调减应纳税所得额为_____＝_____元。

（3）2019年7月10日，"目标脱贫地区"扶贫攻坚公益性捐赠支出_____元，准予在计算企业所得税应纳税所得额时据实扣除。

（4）本季度取得成本法核算的被投资企业DFY有限公司分红15万元，经税务机关核准为免税收入，调整计税所得额_____元。

（5）本季度调整后计税所得额为_____＝_____元。本季度应预缴纳所得税额＝本季度计税所得额×所得税税率＝_____×25%＝_____元。本期减免的所得税优惠额为_____×25%＝_____元。

3. 城市维护建设税、教育费附加、地方教育附加申报数据计算与分析：

本公司随增值税、消费税附征的城市维护建设税、教育费附加等税费，实行按月申报，应缴城市维护建设税税率为7%，教育费附加征收率为3%，地方教育附加征收率为2%。本月应缴城市维护建设税＝_____×7%＝_____元；应缴教育费附加＝_____×3%＝_____元；应缴地方教育费附加＝_____×2%＝_____元。

三、本期税负指标数据计算与分析

1. 税负指标数据计算：

（1）截至本月，本年度增值税平均税负率＝（累计应缴纳增值税税额÷不含税的累计实际销售收入）×100%＝_____＝_____。

（2）前三季度企业所得税税负率＝（累计应缴纳所得税税额÷不含税的累计实际销售收入）×100%＝_____＝_____。

（3）第三季度销售利润率＝（本期利润总额÷本期销售收入总额）×100%＝_____＝_____。

（4）前三个季度销售利润率＝（累计利润总额÷累计销售收入总额）×

100% = _____ = _____。

2. 填制纳税管理相关指标分析表（表六）：

表六　EHJFM有限责任公司纳税管理相关指标分析表

年度	纳税管理指标		
	增值税税负率	企业所得税税负率	销售利润率
2018年度	6.77%	4.42%	19.71%
2019年前三季度			

四、纳税管理分析报告

EHJFM有限责任公司纳税管理分析报告

公司领导及公司全体股东：

根据本公司2019年10月及第三季度财务会计报表及纳税申报表所列示的相关数据和资料，结合日常财税管理工作情况，现就本公司纳税管理以及相关财税管理建议报告如下：

（一）本期纳税状况

1. 增值税纳税情况。10月因销售货物，适用一般计税方法项目，计算销项税额为_____元。本期因购进货物取得的经税务部门核定的增值税专用发票注明进项税额为_____元。按照2019年深化增值税改革政策规定，前期待抵扣不动产进项税额可一次性抵扣计算，截至2019年10月所属期，企业尚未抵扣完毕的不动产待抵扣进项税额为_____元，在10月一次性扣除，本期进项税额合计为_____元。本期应纳增值税税额总合计为_____元。

2. 第三季度企业所得税纳税情况。经税务机关具体核定，本企业应缴企业所得税采用_____的缴纳方式，按照_____预缴。截至本季度，累计计税所得额为_____元，应缴所得税_____元，已累计缴纳所得税_____元，本季度应缴所得税_____元。

3. 其他税费缴纳情况。10月应缴城市维护建设税_____元；应缴教育费附加_____元；应缴地方教育费附加_____元。

（二）本期享受纳税优惠政策情况

1. 根据《关于深化增值税改革有关政策的公告》（财政部税务总局海关总署公告2019年第39号）文件精神，"纳税人取得不动产或者不动产在建工程的进项税额不再分2年抵扣，此前按照上述规定尚未抵扣完毕的待抵扣进项税额，可自2019年4月税款所属期起从销项税额中抵扣"，截至2019年3月所属期，企业尚未抵扣完毕的不动产待抵扣进项税额为_____元，经申报税务机关核定，在本月一次性转入进项税额抵扣。

2. 按照《关于设备、器具扣除有关企业所得税政策的通知》（财税〔2018〕54号）文件精神，单位价值不超过500万元的，允许一次性计入当期成本费用在计算应纳税所得额时扣除，不再分年度计算折旧。本公司2019年6月10日购进一套原值100万元的设备，会计上采用直线折旧法，折旧年限10年，预计残值为0。经公司财务会议确定，于本季度办理企业所得税减税申报。该设备会计上已经计提折旧额_____元，在本季度应调减应纳税所得额为_____元，本期所得税节税额为_____元。

3. 本季度取得成本法核算的被投资企业DFY有限公司分红_____元，经税务机关核准为免税收入，所得税免税_____元。

4. 本季度响应市政府对"目标脱贫地区"进行扶贫攻坚的号召，捐赠支出_____元，根据《关于企业扶贫捐赠所得税税前扣除政策的公告》（财政部税务总局国务院扶贫办公告2019年第49号）文件精神，准予在计算企业所得税应纳税所得额时据实扣除。

综上，根据税收优惠的相关政策文件，本季度共享受税收优惠为

_____元。

(三) 财税管理指标分析

截至本月，本年度增值税税负率_____%，与上年度增值税税负率_____%相比较，本年度增值税税负率□增加____%□减少____%；本年度企业所得税税负率_____%，与上年度企业所得税税负率____%相比较，□增加____%□减少____%，本年度企业所得税税负率出现□增加□减少的态势；本年度销售利润率为____%，与上年度销售利润率____%相比较，销售利润率□上升____%□下降____%，截至本季度，本年度销售率润率呈□上升□下降的态势。综合分析，增值税税负率□上升□下降，其主要原因是□国家深化增值税改革有关政策给予税收优惠□销售利润率下降；企业所得税税负率□上升□下降，其主要原因是□享有新的税收优惠政策□销售利润率下降。

(四) 纳税管理分析结论（下列8个结论中有4个是正确的，请将正确的选出，形成你的阅读结论）

□ 1. 本年度增值税税负率提升、企业所得税税负率上升的主要原因是本年度企业经营成果降低，销售利润率下降。

□ 2. 本年度增值税税负率下降、企业所得税税负率下降的主要原因是国家深化增值税改革和有关新的企业所得税税收优惠政策落实。

□ 3. 本年度销售利润率呈下降的态势，主要原因是新的税收优惠政策实施，但给本企业发展带来的实质利好不大。

□ 4. 本年度销售利润率呈下降的态势，主要原因是企业经营活动本身出现了新的变化因素，与税收优惠政策没有关联。

□ 5. 本年度增值税税负率、企业所得税税负率都有相当大幅度的下降，相应增加了企业营运资金，为企业的发展提供了更好的政策环境。

□ 6. 企业税负率有相当大幅度的下降，但本期销售利润率也有相当大幅度的下降，说明税收优惠政策不会对企业利润和资金营运产生影响。

☐ 7. 在企业税负率下降的情况下，销售利润率也有所下降，说明本年度销售利润空间相对减少，应关注销售生产经营存在的新的不利因素和影响。

☐ 8. 在增值税税负率、企业所得税税负率都有所下降的情况下，销售利润率也有所下降，说明本年度销售盈利能力进一步增强，销售利润空间相对增加。

五、纳税管理建议（在下列所给的建议中选择你认为正确的，或写出你的建议）：

☐ 1. 建立税收政策研究例会制度，及时关注国家、省有关税收政策变化，及时研究和用足、用好税收优惠政策，这些是本公司财务管理的重点工作。

☐ 2. 进一步抓紧梳理本年度国家新出台的相关税收法规政策，结合本企业的经营情况，寻找适用的新的税收优惠政策点，及时办理本年度企业所得税及其他税类的纳税优惠申报工作，做好本年度企业所得税年度汇算清缴工作及其他税类申报工作。

☐ 3. 从本期纳税管理的总体情况看，在享有税收优惠的有利政策环境下，两税税负率虽有下降，但销售利润率呈下降态势，应加强关注和研究导致本期销售率润率下降的主要财务原因和非财务因素，进一步加强管理会计工作，降低成本、费用，提升经营成效。

4. 其他建议（学生自由发挥）。

以上纳税管理分析报告仅作为本公司经营管理决策的参考依据，需要与其他财务管理分析结论结合使用。

年　　月　　日